LA CRISE DE L'ESPRIT, LE BILAN DE L'INTELLIGENCE, REGARDS SUR LE MONDE ACTUEL

PAUL VALÉRY

Copyright © 2022 by PAUL VALERY

Édition : BoD – Books on Demand, info@bod.fr

Impression : BoD – Books on Demand, In de Tarpen 42, Norderstedt (Allemagne)

Impression à la demande

ISBN : 978-2-3224-2530-3

Dépôt légal : août 2022

Mise en page et maquettage : https://reedsy.com/

Tous droits réservés pour tous pays.

LA CRISE DE L'ESPRIT

PREMIÈRE LETTRE

Nous autres, civilisations, nous savons maintenant que nous sommes mortelles.

Nous avions entendu parler de mondes disparus tout entiers, d'empires coulés à pic avec tous leurs hommes et tous leurs engins ; descendus au fond inexplorable des siècles avec leurs dieux et leurs lois, leurs académies et leurs sciences pures et appliquées ; avec leurs grammaires, leurs dictionnaires, leurs classiques, leurs romantiques et leurs symbolistes, leurs critiques et les critiques de leurs critiques. Nous savions bien que toute la terre apparente est faite de cendres, que la cendre signifie quelque chose. Nous apercevions à travers l'épaisseur de l'histoire, les fantômes d'immenses navires qui furent chargés de richesse et d'esprit. Nous ne pouvions pas les compter. Mais ces naufrages, après tout, n'étaient pas notre affaire.

Élam, Ninive, Babylone étaient de beaux noms vagues, et la ruine totale de ces mondes avait aussi peu de signification pour nous que leur existence même. Mais *France, Angleterre, Russie* ... ce seraient aussi de beaux noms. *Lusitania* aussi est un beau nom. Et nous voyons maintenant que l'abîme de l'histoire est assez grand pour tout le monde. Nous sentons qu'une civilisation a la même fragilité qu'une vie. Les circonstances qui enverraient les oeuvres de Keats et celles de Baudelaire rejoindre les oeuvres de Ménandre ne sont plus du tout inconcevables : elles sont dans les journaux.

Ce n'est pas tout. La brûlante leçon est plus complète encore. Il n'a pas suffi à notre génération d'apprendre par sa propre expérience comment les plus belles choses et les plus antiques, et les plus formidables et les mieux ordonnées sont périssables *par accident* ; elle a vu, dans l'ordre de la pensée, du sens commun, et du sentiment, se produire des phénomènes extraordinaires, des réalisations brusques de paradoxes, des déceptions brutales de l'évidence.

Je n'en citerai qu'un exemple : les grandes vertus des peuples allemands ont engendré plus de maux que l'oisiveté jamais n'a créé de vices. Nous avons vu, de nos yeux vu, le travail consciencieux, l'instruction la plus solide, la discipline et l'application les plus sérieuses, adaptés à d'épouvantables desseins.

Tant d'horreurs n'auraient pas été possibles sans tant de vertus. Il a fallu, sans doute, beaucoup de science pour tuer tant d'hommes, dissiper tant de biens, anéantir tant de villes en si peu de temps ; mais il a fallu non moins de *qualités morales* . Savoir et Devoir, vous êtes donc suspects ?

Ainsi la Persépolis spirituelle n'est pas moins ravagée que la Suse matérielle. Tout ne s'est pas perdu, mais tout s'est senti périr.

Un frisson extraordinaire a couru la moelle de l'Europe. Elle a senti, par tous ses noyaux pensants, qu'elle ne se reconnaissait plus, qu'elle cessait de se ressembler, qu'elle allait perdre conscience — une conscience acquise par des siècles de malheurs supportables, par des milliers d'hommes du premier ordre, par des chances géographiques, ethniques, historiques innombrables.

Alors, — comme pour une défense désespérée de son être et de son avoir physiologiques, toute sa mémoire lui est revenue confusément. Ses grands hommes et ses grands livres lui sont remontés pêle-mêle. Jamais on n'a tant lu, ni si passionnément que pendant la guerre: demandez aux libraires. Jamais on n'a tant prié, ni si profondément : demandez aux prêtres. On a évoqué tous les sauveurs, les fondateurs, les protecteurs, les martyrs, les héros, les pères des patries, les saintes héroïnes, les poètes nationaux...

Et dans le même désordre mental, à l'appel de la même angoisse, l'Europe cultivée a subi la reviviscence rapide de ses innombrables pensées : dogmes, philosophies, idéaux hétérogènes ; les trois cents manières d'expliquer le Monde, les mille et une nuances du christianisme, les deux douzaines de positivismes : tout le spectre de la lumière intellectuelle a étalé ses couleurs incompatibles, éclairant d'une étrange lueur contradictoire l'agonie de l'âme européenne. Tandis que les inventeurs cherchaient fiévreusement dans leurs images, dans les annales des guerres d'autrefois, les moyens de se défaire des fils de fer barbelés, de déjouer les sous-marins ou de paralyser les vols d'avions, l'âme invoquait à la fois toutes les incantations qu'elle savait, considérait sérieusement les plus bizarres prophéties ; elle se cherchait des refuges, des indices, des consolations dans le registre entier des souvenirs, des actes antérieurs, des attitudes ancestrales. Et ce sont là les produits connus de l'anxiété, les entreprises désordonnées du cerveau qui court du réel au cauchemar et retourne du cauchemar au réel, affolé comme le rat tombé dans la trappe...

La crise militaire est peut-être finie. La crise économique est visible dans toute sa force ; mais la crise intellectuelle, plus subtile, et qui, par sa nature même, prend les apparences les plus trompeuses (puisqu'elle se passe dans le royaume même de la dissimulation), cette crise laisse difficilement saisir son véritable point, sa phase.

Personne ne peut dire ce qui demain sera mort ou vivant en littérature, en philosophie, en esthétique. Nul ne sait encore quelles idées et quels modes d'expression seront inscrits sur la liste des pertes, quelles nouveautés seront proclamées.

L'espoir, certes, demeure et chante à demi-voix :

> Et cum vorandi vicerit libidinem
> Late triumphet imperator spiritus

Mais l'espoir n'est que la méfiance de l'être à l'égard des prévisions précises de son esprit. Il suggère que toute conclusion défavorable à l'être *doit être* une erreur de son esprit. Les faits, pourtant, sont clairs et impitoyables. Il y a des milliers de jeunes écrivains et de jeunes artistes qui sont morts. Il y a l'illusion perdue d'une culture européenne et la démonstration de l'impuissance de la connaissance à sauver quoi que ce soit ; il y a la science, atteinte mortellement dans ses ambitions morales, et comme déshonorée par la cruauté de ses applications ; il y a l'idéalisme, difficilement vainqueur, profondément meurtri, responsable de ses rêves ; le réalisme déçu, battu, accablé de crimes et de fautes ; la convoitise et le renoncement également bafoués ; les croyances confondues dans les camps, croix contre croix, croissant contre croissant ; il y a les sceptiques eux-mêmes désarçonnés par des événements si soudains, si violents, si émouvants, et qui jouent avec nos pensées comme le chat avec la souris, — les sceptiques perdent leurs doutes, les retrouvent, les reperdent, et ne savent plus se servir des mouvements de leur esprit.

L'oscillation du navire a été si forte que les lampes les mieux suspendues se sont à la fin renversées.

Ce qui donne à la crise de l'esprit sa profondeur et sa gravité, c'est l'état dans lequel elle a trouvé le patient.

Je n'ai ni le temps ni la puissance de définir l'état intellectuel de l'Europe en 1914. Et qui oserait tracer un tableau de cet état ? Le sujet est immense ; il demande des connaissances de tous les ordres, une information infinie. Lorsqu'il s'agit, d'ailleurs, d'un ensemble aussi complexe, la difficulté de reconstituer le passé, même le plus récent, est toute comparable à la difficulté de construire l'avenir, même le plus proche ; ou plutôt, c'est la même difficulté. Le prophète est dans le même sac que l'historien. Laissons-les-y.

Mais je n'ai besoin maintenant que du souvenir vague et général de ce qui se pensait à la veille de la guerre, des recherches qui se poursuivaient, des œuvres qui se publiaient.

Si donc je fais abstraction de tout détail et si je me borne à l'impression rapide, et à ce *total naturel* que donne une perception instantanée, je ne vois — rien ! — Rien, quoique ce fût un rien infiniment riche.

Les physiciens nous enseignent que dans un four porté à l'incandescence, si notre œil pouvait subsister, il ne verrait — rien. Aucune inégalité lumineuse ne demeure et ne distingue les points de l'espace. Cette formidable énergie enfermée aboutit à l'invisibilité, à l'égalité insensible. Or, une égalité de cette espèce n'est autre chose que le *désordre* à l'état parfait.

Et de quoi était fait ce désordre de notre Europe mentale ? — De la libre coexistence dans tous les esprits cultivés des idées les plus dissemblables, des principes de vie et de connaissance les plus opposés. C'est là ce qui caractérise une époque *moderne*.

Je ne déteste pas de généraliser la notion de moderne et de donner ce nom à certain mode d'existence, au lieu d'en faire un pur synonyme de *contemporain*. Il y a dans l'histoire des moments et des lieux où nous pourrions nous introduire, *nous modernes*, sans troubler excessivement l'harmonie de ces temps-là, et sans y paraître des objets infiniment curieux, infiniment visibles, des êtres choquants, dissonants, inassimilables. Où notre entrée ferait le moins de sensation, là nous sommes presque chez nous. Il est clair que la Rome de Trajan, et que l'Alexandrie des Ptolémées nous absorberaient plus facilement que bien des localités moins reculées dans le temps, mais plus spécialisées dans un seul type de mœurs et entièrement consacrées à une seule race, à une seule culture et à un seul système de vie.

Eh bien! l'Europe de 1914 était peut-être arrivée à la limite de ce modernisme. Chaque cerveau d'un certain rang était un carrefour pour toutes les races de l'opinion ; tout penseur, une exposition universelle de pensées. Il y avait des œuvres de l'esprit dont la richesse en contrastes et en impulsions contradictoires faisait penser aux effets d'éclairage insensé des capitales de ce temps-là : les yeux brûlent et s'ennuient... Combien de matériaux, combien de travaux, de calculs, de siècles spoliés, combien de vies hétérogènes additionnées a-t-il fallu pour que ce carnaval fût possible et fût intronisé comme forme de la suprême sagesse et triomphe de l'humanité ?

Dans tel livre de cette époque — et non des plus médiocres — on trouve, sans aucun effort : — une influence des ballets russes, — un peu du style sombre de Pascal, — beaucoup d'impressions du type Goncourt, quelque chose de Nietzsche, — quelque chose de Rimbaud, — certains effets dus à la fréquentation des peintres, et parfois le ton des publications scientifiques, — le tout parfumé d'un je ne sais quoi de britannique difficile à doser !... Observons, en passant, que dans chacun des composants de cette mixture, on trouverait bien d'autres *corps* . Inutile de les rechercher : ce serait répéter ce que je viens de dire sur le modernisme, et faire toute l'histoire mentale de l'Europe.

Maintenant, sur une immense terrasse d'Elsinore, qui va de Bâle à Cologne, qui touche aux sables de Nieuport, aux marais de la Somme, aux craies de Champagne, aux granits d'Alsace, — l'Hamlet européen regarde des millions de spectres.

Mais il est un Hamlet intellectuel. Il médite sur la vie et la mort des vérités. Il a pour fantômes tous les objets de nos controverses ; il a pour remords tous les titres de notre gloire ; il est accablé sous le poids des découvertes, des connaissances, incapable de se reprendre à cette activité illimitée. Il songe à l'ennui de recommencer le passé, à la folie de vouloir innover toujours. Il chancelle entre les deux abîmes, car deux dangers ne cessent de menacer le monde : l'ordre et le désordre.

S'il saisit un crâne, c'est un crâne illustre. — *Whose was it ?* — Celui-ci fut *Lionardo* . Il inventa l'homme volant, mais l'homme volant n'a pas précisément servi les intentions de l'inventeur : nous savons que l'homme volant monté sur son grand cygne (*il grande uccello sopra del dosso del suo magnio cecero*) a, de nos jours, d'autres emplois que d'aller prendre de la neige à la cime des monts pour la jeter, pendant les jours de chaleur, sur le pavé des villes... Et cet autre crâne est celui de *Leibniz* qui rêva de la paix universelle. Et celui-ci fut *Kant, Kant qui genuit Hegel qui genuit Marx qui genuit...*

Hamlet ne sait trop que faire de tous ces crânes. Mais s'il les abandonne!... Va-t-il cesser d'être lui-même ? Son esprit affreusement clairvoyant contemple le passage de la guerre à la paix. Ce passage est plus obscur, plus dangereux que le passage de la paix à la guerre ; tous les peuples en sont troublés. « Et moi, se dit-il, moi, l'intellect européen, que vais-je devenir ?... Et qu'est-ce que la paix ? *La paix est peut-être, l'état de choses dans lequel l'hostilité naturelle des hommes entre eux se manifeste par des créations, au lieu de se traduire par des destructions comme fait la guerre.* C'est le temps d'une concurrence créatrice, et de la lutte des productions. Mais Moi, ne suis-je pas fatigué de produire ? N'ai-je pas épuisé le désir des tentatives extrêmes et n'ai-je pas abusé des savants mélanges ? Faut-il laisser de côté mes devoirs difficiles et mes ambitions transcendantes ? Dois-je suivre le mouvement et faire comme Polonius, qui dirige maintenant un grand journal ? comme Laertes, qui est quelque part dans l'aviation ? comme Rosenkrantz, qui fait je ne sais quoi sous un nom russe ?

— Adieu, fantômes ! Le monde n'a plus besoin de vous. Ni de moi. Le monde, qui baptise du nom de progrès sa tendance à une précision fatale, cherche à unir aux bienfaits de la vie les avantages de la mort. Une certaine confusion règne encore, mais encore un peu de temps et tout s'éclaircira ; nous verrons enfin apparaître le miracle d'une société animale, une parfaite et définitive fourmilière. »

DEUXIÈME LETTRE

Je vous disais, l'autre jour, que la paix est cette guerre qui admet des actes d'amour et de création dans son processus : elle est donc chose plus complexe et plus obscure que la guerre proprement dite, comme la vie est plus obscure et plus profonde que la mort.

Mais le commencement et la mise en train de la paix sont plus obscurs que la paix même, comme la fécondation et l'origine de la vie sont plus mystérieuses que le fonctionnement de l'être une fois fait et adapté.

Tout le monde aujourd'hui a la perception de ce mystère comme d'une sensation actuelle ; quelques hommes, sans doute, doivent percevoir leur propre moi comme positivement partie de ce mystère ; et il y a peut-être quelqu'un dont la sensibilité est assez claire, assez fine et assez riche pour lire en elle-même des états plus avancés de notre destin que ce destin ne l'est lui-même.

Je n'ai pas cette ambition. Les choses du monde ne m'intéressent que sous le rapport de l'intellect ; tout par rapport à l'intellect. Bacon dirait que cet intellect est une *Idole*. J'y consens, mais je n'en ai pas trouvé de meilleure.

Je pense donc à l'établissement de la paix en tant qu'il intéresse l'intellect et les choses de l'intellect. Ce point de vue est faux, puisqu'il sépare l'esprit de tout le reste des activités ; mais cette opération abstraite et cette falsification sont inévitables : tout point de vue est faux.

Une première pensée apparaît. L'idée de culture, d'intelligence, d'œuvres magistrales est pour nous dans une relation très ancienne, — tellement ancienne que nous remontons rarement jusqu'à elle, — avec l'idée d'Europe.

Les autres parties du monde ont eu des civilisations admirables, des poètes du premier ordre, des constructeurs et même des savants. Mais aucune partie du monde n'a possédé cette singulière propriété *physique* : le plus intense pouvoir *émissif* uni au plus intense pouvoir *absorbant*.

Tout est venu à l'Europe et tout en est venu. Ou presque tout.

Or, l'heure actuelle comporte cette question capitale : l'Europe va-t-elle garder sa prééminence dans tous les genres ?

L'Europe deviendra-t-elle *ce qu'elle est en réalité*, c'est-à-dire : un petit cap du continent asiatique ?

Ou bien l'Europe restera-t-elle *ce qu'elle paraît*, c'est-à-dire : la partie précieuse de l'univers terrestre, la perle de la sphère, le cerveau d'un vaste corps ?

Qu'on me permette, pour faire saisir toute la rigueur de cette alternative, de développer ici une sorte de théorème fondamental.

Considérez un planisphère. Sur ce planisphère, l'ensemble des terres habitables. Cet ensemble se divise en régions et dans chacune de ces régions, une certaine densité de peuple, une certaine qualité des hommes. À chacune de ces régions correspond aussi une richesse naturelle, — un sol plus ou moins fécond, un sous-sol plus ou moins précieux, un territoire plus ou moins irrigué, plus ou moins facile à équiper pour les transports, etc.

Toutes ces caractéristiques permettent de classer à toute époque les régions dont nous parlons, de telle sorte qu'à toute époque, *l'état de la terre vivante peut être défini par un système d'inégalités entre les régions habitées de sa surface*.

À chaque instant, *l'histoire* de l'instant suivant dépend de cette inégalité donnée.

Examinons maintenant non pas cette classification théorique, mais la classification qui existait hier encore dans la réalité. Nous apercevons un fait bien remarquable et qui nous est extrêmement familier :

La petite région européenne figure en tête de la classification, depuis des siècles. Malgré sa faible étendue, — et quoique la richesse du sol n'y soit pas extraordinaire, — elle domine le tableau. Par quel miracle ? — Certainement le miracle doit résider dans la qualité de sa population. Cette qualité doit compenser le nombre moindre des hommes, le nombre moindre des milles carrés, le nombre moindre des tonnes de minerai, qui sont assignés à l'Europe. Mettez dans l'un des plateaux d'une balance l'empire des Indes ; dans l'autre, le Royaume-Uni. Regardez : le plateau chargé du poids le plus petit penche!

Voilà une rupture d'équilibre bien extraordinaire. Mais ses conséquences sont plus extraordinaires encore : *elles vont nous faire prévoir un changement progressif en sens inverse.*

Nous avons suggéré tout à l'heure que la qualité de l'homme devait être le déterminant de la précellence de l'Europe. Je ne puis analyser en détail cette qualité ; mais je trouve par un examen sommaire que l'avidité active, la curiosité ardente et désintéressée, un heureux mélange de l'imagination et de la rigueur logique, un certain scepticisme non pessimiste, un mysticisme non résigné... sont les caractères plus spécifiquement agissants de la Psyché européenne.

Un seul exemple de cet esprit, mais un exemple de première classe, — et de toute première importance : la Grèce — car il faut placer dans l'Europe tout le littoral de la Méditerranée : Smyrne et Alexandrie sont d'Europe comme Athènes et Marseille, — la Grèce a fondé la géométrie.

C'était une entreprise insensée : *nous disputons* encore sur la *possibilité* de cette folie.

Qu'a-t-il fallu faire pour réaliser cette création fantastique ? — Songez que ni les Égyptiens, ni les Chinois, ni les Chaldéens, ni les Indiens n'y sont parvenus. Songez qu'il s'agit d'une aventure passionnante, d'une conquête mille fois plus précieuse et positivement plus poétique que celle de la Toison d'Or. Il n'y a pas de peau de mouton qui vaille la cuisse d'or de Pythagore.

Ceci est une entreprise qui a demandé les dons le plus communément incompatibles. Elle a requis des argonautes de l'esprit, de durs pilotes qui ne se laissent ni perdre dans leurs pensées, ni distraire par leurs impressions. Ni la fragilité des prémisses qui les portaient, ni la subtilité ou l'infinité des inférences qu'ils exploraient ne les ont pu troubler. Ils furent comme équidistants des nègres variables et des fakirs indéfinis. Ils ont accompli l'ajustement si délicat, si improbable, du langage commun au raisonnement précis ; l'analyse d'opérations motrices et visuelles très composées ; la correspondance de ces opérations à des propriétés linguistiques et grammaticales ; ils se sont fiés à la parole pour les conduire dans l'espace en aveugles clairvoyants... Et cet espace lui-même devenait de siècle en siècle une création plus riche et plus surprenante, à mesure que la pensée se possédait mieux elle-même, et qu'elle prenait plus de confiance dans la merveilleuse raison et dans la finesse initiale qui l'avaient pourvue d'incomparables instruments : définitions, axiomes, lemmes, théorèmes, problèmes, porismes, etc.

J'aurais besoin de tout un livre pour en parler comme il faudrait. Je n'ai voulu que préciser en quelques mots l'un des actes caractéristiques du génie européen. Cet exemple même me ramène sans effort à ma thèse.

Je prétendais que l'inégalité si longtemps observée au bénéfice de l'Europe devait *par ses propres effets* se changer progressivement en inégalité de sens contraire. C'est là ce que je désignais sous le nom ambitieux de théorème fondamental.

Comment établir cette proposition ? — Je prends le même exemple : celui de la géométrie des Grecs, et je prie le lecteur de considérer à travers les âges les effets de cette discipline. On la voit peu à peu, très lentement, mais très sûrement, prendre une telle autorité que toutes les recherches, toutes les expériences acquises tendent invinciblement à lui emprunter son allure rigoureuse, son économie scrupuleuse de « matière », sa généralité automatique, ses méthodes subtiles, et cette prudence infinie qui lui permet les plus folles hardiesses... La science moderne est née de cette éducation de grand style.

Mais une fois née, une fois éprouvée et récompensée par ses applications matérielles, notre science devenue moyen de puissance, moyen de domination concrète excitant de la richesse, appareil d'exploitation du capital planétaire, — cesse d'être une « fin en soi » et une activité artistique. Le savoir, qui était une valeur de consommation devient une valeur d'échange. L'utilité du savoir fait du savoir une *denrée*, qui est désirable non plus par quelques amateurs très distingués, mais par Tout le Monde.

Cette denrée, donc, se préparera sous des formes de plus en plus maniables ou comestibles ; elle se distribuera à une clientèle de plus en plus nombreuse ; elle deviendra chose du commerce, *chose qui s'exporte*, chose enfin qui s'imite et se produit un peu partout.

Résultat : l'inégalité qui existait entre les régions du monde au point de vue des arts mécaniques, des sciences appliquées, des moyens scientifiques de la guerre ou de la paix, — inégalité sur laquelle se fondait la prédominance européenne, — tend à disparaître graduellement.

Donc, *la classification des régions habitables du monde tend à devenir telle que la grandeur matérielle, brute, les éléments de statistique, les nombres, — population, superficie, matières premières, — déterminent enfin exclusivement ce classement des compartiments du globe.*

Et donc, la balance qui penchait de notre coté, quoique nous paraissions plus légers, commence à nous faire doucement remonter, — comme si nous avions sottement fait passer dans l'autre plateau le mystérieux appoint qui était avec nous. *Nous avons étourdiment rendu les forces proportionnelles aux masses* !

Ce phénomène naissant peut, d'ailleurs, être rapproché de celui qui est observable dans le sein de chaque nation et qui consiste dans la diffusion de la culture, et dans l'accession à la culture de catégories de plus en plus grandes d'individus.

Essayer de prévoir les conséquences de cette diffusion, rechercher si elle doit ou non amener nécessairement une *dégradation*, ce serait aborder un problème délicieusement compliqué de physique intellectuelle.

Le charme de ce problème, pour l'esprit spéculatif, provient d'abord de sa ressemblance avec le fait physique de la diffusion, — et ensuite du changement brusque de cette ressemblance en différence profonde, dès que le penseur revient à son premier objet, qui est *hommes* et non *molécules*.

Une goutte de vin tombée dans l'eau la colore à peine et tend à disparaître, après une rose fumée. Voilà le fait physique. Mais supposez maintenant que, quelque temps après cet évanouissement et ce retour à la limpidité, nous voyions, çà et là, dans ce vase qui semblait redevenu eau *pure*, se former des gouttes de vin sombre et *pur*, — quel étonnement.

Ce phénomène de Cana n'est pas impossible dans la physique intellectuelle et sociale. On parle alors du génie et on l'oppose à la diffusion.

Tout à l'heure, nous considérions une curieuse balance qui se mouvait en sens inverse de la pesanteur. Nous regardons à présent un système liquide passer, comme spontanément, de l'homogène à l'hétérogène, du mélange intime à la séparation nette… Ce sont ces images paradoxales qui donnent la représentation la plus simple et la plus pratique du rôle dans le Monde de ce qu'on appelle, — depuis cinq ou dix mille ans, — *Esprit* .

— Mais l'Esprit européen — ou du moins ce qu'il contient de plus précieux — est-il totalement diffusible ? Le phénomène de la mise en exploitation du globe, le phénomène de l'égalisation des techniques et le phénomène démocratique, qui font prévoir une *deminutio capitis* de l'Europe, doivent-ils être pris comme décisions absolues du destin ? Ou avons-nous quelque liberté contre cette menaçante conjuration des choses ?

C'est peut-être en cherchant cette liberté qu'on la crée. Mais pour une telle recherche, il faut abandonner pour un temps la considération des ensembles, et étudier dans l'individu pensant, la lutte de la vie personnelle avec la vie sociale.

PAUL VALÉRY

LE BILAN DE L'INTELLIGENCE

CONFÉRENCE DONNÉE À L'UNIVERSITÉ DES ANNALES, LE 16 JANVIER 1935.

Il y a un peu plus de deux ans, à cette même place, j'ai eu l'honneur de vous entretenir de ce que j'appelais *la Politique de l'Esprit*. Il vous souvient peut-être que, sous ce titre (qui n'est pas particulièrement précis), je m'inquiétais de l'état actuel des choses de ce monde et j'interrogeais les faits dont nous sommes les témoins et les agents, en me préoccupant, non tant de leur caractère politique ou économique que de l'état dans lequel ils mettent les choses de l'esprit. J'ai insisté (peut- être trop longuement) sur cet état critique, et je vous disais en substance qu'un désordre dont on ne peut imaginer le terme s'observe à présent dans tous les domaines. Nous le trouvons autour de nous comme en nous-mêmes, dans nos journées, dans notre allure, dans les journaux, dans nos plaisirs, et jusque dans notre savoir. L'interruption, l'incohérence, la surprise sont des conditions ordinaires de notre vie. Elles sont même devenues de véritables besoins chez beaucoup d'individus dont l'esprit ne se nourrit plus, en quelque sorte, que de variations brusques et d'excitations toujours renouvelées. Les mots « sensationnel », « impressionnant », qu'on emploie couramment aujourd'hui, sont de ces mots qui peignent une époque. Nous ne supportons plus la durée. Nous ne savons plus féconder l'ennui. Notre nature a horreur du vide, - ce vide sur lequel les esprits de jadis savaient peindre les images de leurs idéaux, leurs Idées, au sens de Platon. Cet état que j'appelais « chaotique » est l'effet composé des œuvres et du travail accumulé des hommes. Il amorce sans doute un certain avenir, mais un avenir qu'il nous est absolument impossible d'imaginer ; et c'est là, entre les autres nouveautés, l'une des plus grandes. Nous ne pouvons plus déduire de ce que nous savons quelques figures du futur auxquelles nous puissions attacher la moindre créance.

Nous avons, en effet, en quelques dizaines d'années, bouleversé et créé tant de choses au dépens du passé ; en le réfutant, en le désorganisant, en réorganisant les idées, les méthodes, les institutions qu'il nous avait léguées, que le présent nous apparaît un état sans précédent et sans exemple. Nous ne regardons plus le passé comme un fils regarde son père, duquel il peut apprendre quelque chose, mais comme un homme fait regarde un enfant.... Nous aurions parfois l'envie d'instruire et d'émerveiller les plus grands de nos aïeux, les ayant ressuscités pour nous donner ce plaisir.

Souvent, il m'amuse d'imaginer ceci : je m'abandonne à rêver la résurrection de quelqu'un de nos grands hommes de jadis. Je m'offre à lui servir de guide ; je me promène avec lui dans Paris ; je l'entend qui me presse de questions, qui s'exclame ; et je ressens, par ce moyen naïf qui m'oblige à m'étonner de ce que je vois avec étonnement tous les jours, l'immense différence que la suite des temps a créée entre la vie d'avant-hier et celle d'aujourd'hui. Mais je m'embarrasse bientôt dans mon rôle de cicerone. Songez à tout ce qu'il faudrait savoir pour expliquer à Descartes ou à Napoléon ressuscités notre système actuel d'existence, pour lui faire comprendre comment nous pouvons arriver à vivre dans des conditions si étranges, dans un milieu qu'il trouverait certainement assez effrayant, et même hostile. Cet embarras est la mesure du changement intervenu.

Je ne puis ici qu'effleurer l'immense question de ces changements dépassant toute prévision, qui ont profondément modifié le monde et l'ont, en quelques années, rendu méconnaissable aux yeux des observateurs qui avaient assez vécu pour l'avoir vu bien différent. Je vais insister sur le peu de temps qu'il a fallu pour amener de si énormes conséquences, et surtout arrêter un peu vos esprits sur les causes les plus puissantes de cette brusque mutation. Je pense à tous les faits nouveaux, entièrement nouveaux, prodigieusement nouveaux, qui se sont révélés à partir du commencement du siècle dernier.

La science, jusque-là, n'avait poursuivi ses recherches que sur des phénomènes connus *sensibles depuis toujours, et immédiatement sensibles*. Sans doute, la notion de l'univers s'était profondément modifiée, en même temps que celle de la science elle-même, et corrélativement ; mais les phénomènes observables, d'une part, les pouvoirs d'action de l'homme, d'autre part, ne s'étaient pas sensiblement accrus. Or, en 1800 (je crois), la découverte du courant électrique, par l'invention admirable de la pile, ouvre cette ère des faits nouveaux qui vont changer la face du monde. Il n'est pas sans intérêt de s'arrêter à cette date : de songer qu'il n'y a que cent trente cinq ans que cette révélation a eu lieu. Vous en savez les suites merveilleuses : tout le domaine de l'électrodynamique et de l'électromagnétisme ouvert à la curiosité passionnée des savants, toutes les applications qui se multiplient, les relations aperçues de l'électricité avec la lumière, les conséquences théoriques qui s'ensuivirent ; le rayonnement enfin, dont l'étude vient remettre en question toutes nos connaissances physiques, et jusqu'à nos habitudes de pensée.

Envisagez, maintenant, le nombre de ces faits radicalement nouveaux, impossibles à prévoir, qui, en moins d'un siècle et demi, sont venus surprendre les esprits, depuis le courant électrique jusqu'aux rayons X et aux diverses radiations qui se découvrent depuis Curie ; ajoutez-y la quantité des applications, depuis le télégraphe jusqu'à la télévision, et vous concevrez par la réflexion de cette nouveauté toute vierge, offerte en si peu de temps au monde humain (et dont l'accroissement semble sans limites), *quel effort d'adaptation s'impose à une race si longtemps enfermée dans la contemplation et l'utilisation des mêmes phénomènes immédiatement observables, depuis l'origine.*

Je vous ferai ici un petit conte pour bien accuser la pensée que je vous propose, et qui est, en somme, l'entrée du genre humain dans une phase de son histoire où toute prévision devient – par cela seul qu'elle est prévision – une chance d'erreur, une production suspecte de notre esprit.

Veuillez donc supposer que les plus grands savants qui ont existé jusque vers la fin du XVIIIè siècle, les Archimède et les Newton, les Galilée et les Descartes, étant assemblés en quelque lieu des Enfers, un messager de la Terre leur apporte une dynamo et la leur donne à examiner à loisir. On leur dit que cet appareil sert aux hommes qui vivent à produire du mouvement, de la lumière ou de la chaleur. Ils regardent ; ils font tourner la partie mobile de la machine. Ils la font démonter, en interrogent et en mesurent toutes les parties. Ils font, en somme, tout ce qu'ils peuvent... Mais le courant leur est inconnu, l'induction leur est inconnue, ils n'ont guère l'idée que de transformations mécaniques. « À quoi servent ces fils embobinés ? » disent-ils. Ils doivent conclure à leur impuissance. Ainsi, tout le savoir et tout le génie humain réunis devant ce mystérieux objet échouent à en découvrir le secret, et à deviner le fait nouveau qui fut apporté par Volta, et ceux que révélèrent Ampère, Oersted, Faraday, et les autres...

(N'omettons pas, ici, de remarquer que tous ces grands hommes qui viennent de se déclarer incapables de comprendre la dynamo tombée de la Terre aux Enfers ont fait exactement ce que nous-mêmes faisons quand nous interrogeons un cerveau, le pesant, le disséquant, le débitant en coupes minces et soumettant ces lamelles fixées à l'examen histologique. Ce transformateur naturel nous demeure incompréhensible...)

Remarquez aussi que j'ai choisi, dans mon exemple de la dynamo, des esprits de première grandeur qui se trouvent réduits à l'impuissance, à l'impossibilité radicale de s'expliquer un appareil dont la conduite et l'usage sont familiers aujourd'hui à tant d'hommes, et qui, d'ailleurs, sont devenus indispensables à la vie sociale.

En somme, nous avons le privilège – ou le malheur très intéressant – d'assister à une transformation profonde, rapide, irrésistible de toutes les conditions de l'action humaine.

Ne croyez pas du tout que les hommes venus avant nous aient pu être les témoins de variations si sensibles et si extraordinaires dans le cours de leur vie. Un de mes amis, il y a quelque quarante ans, se moquait un jour, devant moi, de l'expression bien connue : « époque de transition », et il me disait que c'était là un cliché absurde. « Toute époque est transition », disait-il. Je pris alors un morceau de sucre (car ceci se passait après le dîner), je le lui montrai, le mis dans ma tasse de café et lui dit :

- Pensez-vous que ce morceau de sucre qui, depuis un temps assez long, se trouvait dans le sucrier, assez tranquille en somme, n'est pas en train d'éprouver des sensations d'une espèce toute nouvelle ? N'est-il pas, à présent, dans une époque qu'il peut appeler « de transition » ? Pensez-vous qu'une femme qui attend un bébé ne se sente pas dans un état assez différent de celui dans lequel elle était auparavant et qu'elle ne puisse pas nommer cette époque de sa vie une période de transition ? Je l'espère pour elle pour le bébé.

Et je dis à présent :

- Pensez-vous qu'un homme qui aurait vécu les années entre 1872, par exemple, et 1890, et qui aurait vécu ensuite 1890 à 1934, n'aurait pas senti quelque différence d'allure entre ces deux périodes de sa vie ?

Je ne veux pas vous énumérer tout ce qui a été profondément modifié, altéré, remplacé, depuis une trentaine d'années, puisque je vous ai déjà, il y a deux ans, montré l'essentiel du tableau de cette transformation. Je vous dirai seulement, pour résumer ma pensée et m'introduire dans le sujet que je traite aujourd'hui, je vous dirai que l'on pouvait encore, il y a quelque trente ans, examiner les choses de ce monde *sous un aspect historique*, c'est-à-dire qu'il était alors dans l'esprit de tous de chercher, dans le présent d'alors, la suite et le développement assez intelligibles des événements qui s'étaient produits dans le passé. La continuité régnait dans les esprits. On trouvait, sans grande difficulté, des modèles, des exemples, des précédents, des causes, dans les documents, les souvenirs, les ouvrages historiques. Ceci était général ; et à part quelques nouveautés dans l'ordre industriel, tout le reste des éléments de la civilisation se raccordait assez facilement au passé. Mais pendant les trente ou quarante ans que nous venons de vivre, trop de nouveautés se sont introduites, dans tous les domaines. Trop de surprises, trop de créations, trop de destructions, trop de développements considérables et brusques sont venus interrompre assez brutalement cette tradition intellectuelle, cette continuité dont je vous parlais. Et des problèmes chaque jour plus nombreux, des problèmes parfaitement neufs et inattendus, se sont déclarés de toutes parts, soit dans la politique, soit dans les arts, soit dans les sciences ; dans toutes les affaires humaines, toutes les cartes ont été brouillées. *L'homme se trouve assailli par une quantité de questions auxquelles aucun homme, jusqu'ici, n'avait songé*, philosophe ou non, savant ou non ; tout le monde est comme surpris. *Tout homme appartient à deux ères*.

Dans le passé, on n'avait guère vu, en fait de nouveautés, paraître que des solutions ou des réponses à des problèmes ou à des questions très anciennes, sinon immémoriales. Mais notre nouveauté, à nous, consiste dans l'inédit des questions elles-mêmes, et non point des solutions ; dans les énoncés, et non dans les réponses.

De là cette impression générale d'impuissance et d'incohérence qui domine dans nos esprits, qui les dresse, et les met dans cet état anxieux auquel nous ne pouvons ni nous accoutumer, ni prévoir un terme. D'un côté un passé qui n'est pas aboli ni oublié, mais un passé duquel nous ne pouvons à peu près rien tirer qui nous oriente dans le présent et nous donne à imaginer le futur. De l'autre, un avenir sans la moindre figure. Nous sommes, chaque jour, à la merci d'une invention, d'un accident, matériel ou intellectuel.

Il suffit de reprendre une collection de journaux vieille à peine de quelques mois pour voir avec quelle constance les événements confondent en peu de jours les pronostics des hommes les plus compétents. Faut-il oser ajouter ici qu'un homme compétent devient un homme qui se trompe, mais qui se trompe dans toutes les règles ? Je ne puis m'empêcher de songer à ce trust des cerveaux qui fut assemblé en Amérique et qui s'évanouit en discutant, au bout de quelques semaines.

Nous ne voyons de toutes parts, sur l'univers, que tentatives, plans, expériences, essais, tâtonnements, précipités, dans tous les ordres.

La Russie, l'Allemagne, l'Italie, les États-Unis sont comme de vastes laboratoires où se poursuivent des recherches d'une ampleur inconnue jusqu'ici ; où l'on tente de façonner un homme nouveau, de faire une économie, des mœurs, une vie, et même des religions nouvelles. Et il en est de même dans les sciences, dans les arts et en toutes choses humaines.

Mais, en présence de cet état si angoissant d'une part, si excitant de l'autre, la question même de l'intelligence humaine se pose ; la question de l'intelligence, de ses bornes, de sa préservation, de son avenir probable, se pose à elle-même et lui apparaît la question capitale du moment.

En effet, le désordre dont je vous ai parlé, les difficultés dont je vous entretiens ne sont que les conséquences évidentes du développement intellectuel intense qui a transformé le monde. C'est le capitalisme des idées et des connaissances et le travaillisme des esprits qui sont à l'origine de cette crise. Nous trouvons facilement à la racine des phénomènes politiques et économiques de notre époque -, de la pensée, des études, des raisonnements, des travaux intellectuels. Un seul exemple : l'introduction de l'hygiène au Japon a fait que la population de cet empire a doublé en trente-cinq ans !... Quelques notions ont créé en trente-cinq ans une pression politique énorme.

Ainsi l'action de l'esprit, créant furieusement, et comme dans l'emportement le plus aveugle, des moyens matériels de grande puissance, a engendré d'énormes événements, d'échelle mondiale, et ces modifications du monde humain se sont imposées sans ordre, sans plan préconçu et, surtout, sans égard à la nature vivante, à sa lenteur d'adaptation et d'évolution, à ses limites originelles. On peut dire que *tout ce que nous sa-*

vons, c'est-à-dire *tout ce que nous pouvons*, a fini par s'opposer à *ce que nous sommes*.

Et nous voici devant une question : il s'agit de savoir si ce monde prodigieusement transformé, mais terriblement bouleversé par tant de puissance appliquée avec tant d'imprudence, peut enfin recevoir un statut rationnel, peut revenir rapidement, ou plutôt peut arriver rapidement à un état d'équilibre supportable ? En d'autres termes, l'esprit peut-il nous tirer de l'état où il nous a mis ? (Notez que le mot *rationnel* que je viens d'employer est, au fond, l'équivalent du mot *rapidement*, car il est certain que l'équilibre renaîtra fatalement, comme l'équilibre s'est rétabli après la ruine de l'empire romain, mais il ne s'est rétabli qu'au bout de plusieurs siècles. Il s'est rétabli *par les faits*, tandis que la question que je pose est celle de savoir si l'esprit, agissant directement et immédiatement, pourra rétablir *rationnellement*, c'est-à-dire *rapidement*, un certain équilibre en quelques années.)

Donc, toute la question que je posais revient à celle-ci : si l'esprit humain pourra surmonter ce que l'esprit humain a fait ? Si l'intellect humain peut sauver d'abord le monde, et ensuite soi-même ? C'est donc une sorte d'examen de la valeur actuelle de l'esprit et de sa prochaine valeur, ou de sa valeur probable, qui fait l'objet du problème que je pose, - et que je ne résoudrai pas.

Non ! Ne vous attendez pas que je puisse même songer à le résoudre : il n'en est pas question. Et je ne me flatte pas davantage de vous l'énoncer complètement, ni clairement, ni simplement. Plus cette question s'est produite à mon esprit, plus j'ai perçu sa complexité. Mais, sans chercher à simplifier ce qui est le contraire du simple, à éclaircir ce qui a pour fonction d'éclaircir et qui est en soi si obscur, je veux essayer de vous donner une impression de la question elle-même ; et il me suffira, je l'espère, pour atteindre ce but, de vous représenter la manière dont la vie moderne, la vie de la plupart des hommes, traite, influence, excite ou fatigue leur esprit. Je dis que la vie moderne traite les esprits de telle sorte que l'on peut raisonnablement concevoir de grandes craintes pour la conservation de la valeur dans l'ordre intellectuel.

Les conditions du travail de l'esprit ont, en effet, subi le même sort que le reste des choses humaines, c'est-à-dire qu'elles participent de l'intensité, de la hâte, de l'accélération générale des échanges, ainsi que de tous les effets de l'incohérence, de la scintillation fantastique des événements. Je vous avoue que je suis si effrayé de certains symptômes de dégénérescence et d'affaiblissement que je constate (ou crois constater) dans l'allure générale de la production et de la consommation intellectuelle, que je désespère parfois de l'avenir ! Je m'excuse (et je m'accuse) de rêver quelques fois que l'intelligence de l'homme, et tout ce par quoi s'écarte de la ligne animale, pourrait un jour s'affaiblir et l'humanité insensiblement revenir à un état instinctif, redescendre à l'inconstance et à la futilité du singe. Elle serait gagnée peu à peu à une indifférence, à une inattention, à une instabilité que bien des choses dans le monde actuel, dans ses goûts, dans ses mœurs, dans ses ambitions manifestent, ou permettent déjà de redouter. Et je me dis (sans trop me croire) :

- Toute l'histoire humaine, en tant qu'elle manifeste la pensée, n'aura peut-être été que l'effet d'une sorte de crise, d'une poussée aberrante, comparable à quelqu'une de ces brusques variations qui s'observent dans la nature et qui disparaissent aussi bizarrement qu'elles sont venues. Il y a eu des espèces instables, et des monstruosités de dimensions, de puissance, de complication, qui n'ont pas duré. Qui sait si toute notre culture n'est pas une hypertrophie, un écart, un développement insoutenable, qu'une ou deux centaines de siècles auront suffi à produire et à épuiser ?

C'est là, sans doute, une pensée bien exagérée que je n'exprime ici que pour vous faire sentir, sous des traits un peu gros, toute la préoccupation que l'on peut avoir au sujet du destin de l'intellect. Mais il est trop facile de justifier ces craintes. Il me suffira, pour vous en montrer le germe réel, de vous désigner plusieurs points, quelques-uns des points noirs de l'horizon de l'esprit.

Commençons par l'examen de cette faculté qui est fondamentale et qu'on oppose à tort à l'intelligence, dont elle est, au contraire, la véritable puissance motrice ; je veux parler de la sensibilité. Si la sensibilité de l'homme moderne se trouve fortement compromise par les conditions actuelles de sa vie, et si l'avenir semble promettre à cette sensibilité un traitement de plus en plus sévère, nous serons en droit de penser que l'intelligence souffrira profondément de l'altération de la sensibilité. Mais comment se produit cette altération ?

Notre monde moderne est tout occupé de l'exploitation toujours plus efficace, plus approfondie des énergies naturelles. Non seulement il les recherche et les dépense, pour satisfaire aux nécessités éternelles de la vie, mais il les prodigue, et il s'excite à les prodiguer au point de créer de toutes pièces des besoins inédits (et même que l'on eût jamais imaginé), à partir des moyens de contenter ces besoins qui n'existaient pas. Tout se passe dans notre état de civilisation industrielle comme si, ayant inventé quelque substance, on inventait d'après ses propriétés une maladie qu'elle guérisse, une soif qu'elle puisse apaiser, une douleur qu'elle abolisse. On nous inocule donc, pour des fins d'enrichissement, des goûts et des désirs qui n'ont pas de racines dans notre vie physiologique profonde, mais qui résultent d'excitations psychiques ou sensorielles délibérément infligées. L'homme moderne s'enivre de dissipation. Abus de vitesse, abus de lumière, abus de toniques, de stupéfiants, d'excitants... Abus de fréquence dans les impressions ; abus de diversité ; abus de résonance ; abus de facilités ; abus de merveilles ; abus de ces prodigieux moyens de déclenchement, par l'artifice desquels d'immenses effets sont mis sous le doigt d'un enfant. Toute vie actuelle est inséparable de ces abus. Notre système organique, soumis de plus en plus à des expériences mécaniques, physiques et chimiques toujours nouvelles, se comporte, à l'égard de ces puissances et de ces rythmes qu'on lui inflige, à peu près comme il le fait à l'égard d'une *intoxication insidieuse*. Il s'accommode à son poison, il l'exige bientôt. Il en trouve chaque jour la dose insuffisante.

L'œil, à l'époque de Ronsard, se contentait d'une chandelle, - si ce n'est d'une mèche trempée dans l'huile ; les érudits de ce temps-là, qui travaillaient volontiers la nuit, lisaient (et quels grimoires !), écrivaient sans difficulté, à quelque lueur mouvante et misérable. L'oeil, aujourd'hui, réclame vingt, cinquante, cent bougies. L'oreille exige toutes les puissances de l'orchestre, tolère les dissonances les plus féroces, s'accoutume au tonnerre des camions, aux sifflements, aux grincements, aux ronflements des machines, et parfois les veut retrouver dans la musique des concerts.

Quant à notre sens le plus central, ce sens intime de la distance entre le désir et la possession de son objet, qui n'est autre que le sens de la durée, ce sentiment du temps, qui se contentait jadis de la vitesse de la course des chevaux, il trouve aujourd'hui que les rapides sont bien lents, et les messages électriques le font mourir de langueur. Enfin, les événements eux-mêmes sont réclamés comme une nourriture jamais assez relevée. S'il n'y a point, le matin, quelque grand malheur dans le monde, nous sentons un certain vide : « Il n'y rien, aujourd'hui, dans les journaux ! » disons-nous. Nous voilà pris sur le fait, nous sommes tous empoisonnés. Je suis donc fondé à dire qu'il existe pour nous une sorte d'intoxication par l'énergie, comme il y a une intoxication par la hâte, et une autre par la dimension.

Les enfants trouvent qu'un navire n'est jamais assez gros, une voiture ou un avion jamais assez vite, et l'idée de la supériorité absolue de la grandeur quantitative, idée dont la naïveté et la grossièreté sont évidentes (je l'espère), est l'une des plus caractéristiques de l'espèce humaine moderne. Si l'on recherche en quoi la manie de la hâte (par exemple) affecte les vertus de l'esprit, on trouve bien aisément autour de soi et en soi-même tous les risques de l'intoxication dont je parlais.

J'ai signalé, il y a quelque quarante ans, comme un phénomène critique dans l'histoire du monde la disparition de la terre libre, c'est-à-dire l'occupation achevée des territoires par des nations organisées, la suppression des biens qui ne sont à personne. Mais, parallèlement à ce phénomène politique, on constate la disparition du temps libre. L'espace libre et le temps libre ne sont plus que des souvenirs. Le temps libre dont il s'agit n'est pas le loisir, tel qu'on l'entend d'ordinaire. Le loisir apparent existe encore, et même ce loisir apparent se défend et se généralise au moyen de mesures légales et de perfectionnements mécaniques contre la conquête des heures par l'activité. Les journées de travail sont mesurées et ses heures comptées par la loi. Mais je dis que le loisir intérieur, qui est tout autre chose que le loisir chronométrique, se perd. Nous perdons cette paix essentielle des profondeurs de l'être, cette absence sans prix, pendant laquelle les éléments les plus délicats de la vie se rafraîchissent et se réconfortent, pendant laquelle l'être, en quelque sorte, se lave du passé et du futur, de la conscience présente, des obligations suspendues et des attentes embusquées... Point de souci, point de lendemain, point de pression intérieure ; mais une sorte de repos dans l'absence, une vacance bienfaisante, qui rend l'esprit à sa liberté propre. Il ne s'occupe alors que de soi-même. Il est délié de ses devoirs envers la connaissance pratique et déchargé du soin des choses prochaines : il peut produire des formations pures comme des cristaux. Mais voici que la rigueur, la tension et la précipitation de notre existence moderne troublent ou dilapident ce précieux repos. Voyez en vous et autour de vous ! Les progrès de l'insomnie sont remarquables et suivent exactement tous les autres progrès. Que de personnes dans le monde ne dorment plus que d'un oeil de synthèse, et se fournissent de néant dans la savante industrie de la chimie organique ! Peut-être de nouveaux assemblages de molécules plus ou moins *barbituriques* nous donneront-ils la méditation que l'existence nous interdit de plus en plus d'obtenir naturellement. La pharmacopée, quelque jour, nous offrira de la profondeur. Mais, en attendant, la fatigue et la confusion mentale sont parfois telles que l'on se prend à regretter naïvement les Tahiti, les paradis de simplicité et de paresse, les vies à forme lente et inexacte que nous n'avons jamais connues. Les primitifs ignorent la nécessité d'un temps finement divisé.

Il n'y avait pas de minute ni de seconde pour les anciens. Des artistes comme Stevenson, comme Gauguin, ont fui l'Europe et gagné des îles sans horloges. Le courrier ni le téléphone ne harcelait Platon. L'heure du train ne pressait pas Virgile. Descartes s'oubliait à songer sur les quais d'Amsterdam. Mais nos mouvements d'aujourd'hui se règlent sur des fractions exactes du temps. Le vingtième de seconde lui-même commence à n'être plus négligeable dans certains domaines de la pratique.

Sans doute l'organisme est admirable de souplesse. Il résiste jusqu'ici à des traitements de plus en plus inhumains, mais, enfin, soutiendra-t-il toujours cette contraire et ces excès ? Ce n'est pas tout. Dieu sait ce que nous subissons, ce que notre malheureuse sensibilité doit compenser comme elle peut !... Elle supporte les vacarmes que vous savez ; elle souffre les odeurs nauséabondes, les éclairages follement intenses et violemment contrastés. Notre corps est soumis à une trépidation perpétuelle ; il a besoin, désormais, d'excitants brutaux, de boissons infernales, d'émotions brèves et grossières, pour ressentir et pour agir.

Je ne suis pas éloigné, en présence de tous ces faits, de conclure que la sensibilité chez les modernes est en voie d'affaiblissement. Puisqu'il faut une excitation plus forte, une dépense plus grande d'énergie pour que nous sentions quelque chose, c'est donc que la délicatesse de nos sens, après une période d'affinement, se fait moindre. Je suis persuadé que des mesures précises des énergies exigées aujourd'hui par les sens des civilisés montreraient que les seuils de leur sensibilité se relèvent, c'est-à-dire qu'elle devient plus obtuse.

Cette atténuation de la sensibilité se marque assez par l'indifférence croissante et générale à la laideur et à la brutalité des aspects.

Nous avons, en vue de la culture artistique, développé nos musées ; nous avons introduit une manière d'éducation esthétique dans nos écoles. Mais ce ne sont là que des mesures spécieuses, qui ne peuvent aboutir qu'à répandre une érudition abstraite, sans effets positifs. Tout se borne à distribuer un savoir sans profondeur vivante, puisque nous admettons que nos voies publiques, nos rues, nos places soient déshonorées par des monuments qui offensent la vue et l'esprit ; que nos villes se développent dans le désordre, que les constructions de l'État ou des particuliers s'élèvent sans le moindre souci des exigences les plus simples du sentiment de la forme.

Mais j'effleure ici le domaine des choses morales. Notre décadence dans l'ordonnance des bâtiments et des perspectives tient, en grande partie, à l'exagération de la manie du contrôle, qui est elle-même un symptôme de la dégénérescence du goût de la responsabilité.

Cette ordonnance des constructions et des créations urbaines ne peut-être qu'une action volontaire bien déterminée. Elle est une œuvre d'art. Elle ne doit donc pas résulter des délibérations d'un conseil, d'un comité, d'une commission, d'un corps constitué quelconque, aussi bien composé qu'on le voudra. Construire, c'est ici réaliser un certain souhait de l'oeil, souhait que l'esprit peu à peu précise, approfondit, rapproche de son exécution, par les actes, et dans la manière. Mais une des marques de la défaillance du caractère dans notre temps est de subordonner l'action au contrôle de l'action et de placer la défiance et la délibération un peu partout.

Je reviendrai sur cela tout à l'heure.

Abordons, à présent, un des objets capitaux de notre examen. Le plus important peut-être.

Tout l'avenir de l'intelligence dépend de l'éducation, ou plutôt des enseignements de tout genre que reçoivent les esprits. Les termes d'éducation et d'enseignement ne doivent pas être pris ici dans un sens restreint. On songe généralement, quand on les prononce, à la formation systématique de l'enfant et de l'adolescent, par les parents ou par les maîtres. Mais n'oublions pas que notre vie toute entière peut être considérée comme une éducation non plus organisée, ni même organisable, mais, au contraire, essentiellement désordonnée, qui consiste dans l'ensemble des impressions et des acquisitions bonnes ou mauvaises que nous devons à la vie même. L'école n'est pas seule à instruire les jeunes. Le milieu et l'époque ont sur eux autant et plus d'influence que les éducateurs. La rue, les propos, les spectacles, les fréquentations, l'air du temps, les modes qui se succèdent (et, par mode, je n'entends pas seulement celles du vêtement et des manières, mais celles qui s'observent dans le langage), agissent puissamment et constamment sur leur esprit.

Mais donnons d'abord notre attention à l'éducation organisée, celle qui se dispense dogmatiquement dans les écoles. Je ferai une remarque préliminaire qu'exige, à mon avis, la caractéristique la plus manifeste de notre temps. J'estime qu'on ne peut plus traiter une question quelconque qui concerne la vie humaine sans tenir compte des diverses formes qu'elle revêt dans l'ensemble du monde civilisé. En toute manière, notre époque exige de nous ou nous impose un regard plus étendu qu'il ne le fut jadis. On ne peut plus restreindre l'étude d'un problème humain à ce qui se passe dans une certaine nation. Il faut étendre son investigation aux peuples voisins, parfois à des peuples très éloignés. Les relations humaines sont devenues si étroites et si nombreuses, et les répercussions si rapides, et souvent si surprenantes, que l'examen des phénomènes de tous ordres qui s'observent dans un canton restreint ne peut suffire à nous renseigner sur les conditions et les possibilités d'existence dans ce même cercle restreint, même locales. Toute connaissance est, aujourd'hui, nécessairement une connaissance comparée.

Eh bien, les hommes de demain en Europe, c'est-à-dire les enfants et les adolescents d'aujourd'hui, se divisent en groupes fort différents. Ces groupes seront demain en regard l'un de l'autre, ils seront en concurrence, en liaison ou en opposition entre eux. Il faut donc bien observer comparativement ce que nous faisons de nos enfants, et ce qu'en font les autres nations, et songer aux conséquences possibles de ces éducations dissemblables. Je n'y insisterai pas beaucoup. Mais je ne puis ne pas vous rappeler que, dans trois ou quatre grands pays, la jeunesse toute entière est, depuis quelques années, soumise à un traitement éducatif de caractère essentiellement politique. *Politique d'abord*, tel est le principe des programmes et des disciplines scolaires de ces nations. Ces programmes et ces disciplines sont ordonnés à la formation uniforme des jeunes esprits, et des intentions politiques et sociales remarquablement précises l'emportent ici sur toutes considérations de culture. Les moindres détails de la vie scolaire, les manières inculquées, les jeux, les lectures offertes aux jeunes gens, tout doit concourir à en faire des hommes adaptés à une structure sociale et à des dessins nationaux ou sociaux parfaitement déterminés. La liberté de l'esprit est résolument subordonnée à la doctrine d'État, doctrine qui, sans doute, varie suivant les nations dans ses principes, mais qui est, on peut le dire, identique partout, quant à l'objectif d'uniformité souhaité. *L'État se fait ses hommes.*

Notre jeunesse trouvera donc très prochainement en face d'elle des jeunesses homogènes, façonnées, dressées et, pour ainsi dire, *étatisées*. L'État moderne de ce type ne souffre aucune discordance dans l'enseignement, et cet enseignement, qui commence dans l'âge le plus tendre, ne lâche plus sa proie, en continue et en parachève l'éducation par des systèmes postscolaires d'allure militaire.

Je ne veux et ne puis aller plus loin dans cette observation, et je me borne à poser la question qui m'importe ici, question à laquelle l'avenir seul peut répondre :

- Qu'en résultera-t-il pour la valeur de la culture ? Que deviendront l'indépendance des esprits, celles des recherches, et surtout celle des sentiments ? Que deviendra la liberté de l'intelligence ?

Laissons cela, mais revenons à la France et considérons un peu notre système d'éducation et d'enseignement.

Je suis bien obligé de constater que ce système, ou plutôt ce qui en tient lieu (car, après tout, je ne sais pas si nous avons un système, ou si ce que nous avons peut se nommer système), je suis obligé de constater que notre enseignement participe de l'incertitude générale, du désordre de notre temps. Et même il reproduit si exactement cet état chaotique, cet état de confusion, d'incohérence si remarquable, qu'il suffirait d'observer nos programmes et nos objectifs d'études pour reconstituer l'état mental de notre époque et retrouver tous les traits de notre doute et de nos fluctuations sur toute valeur. Notre enseignement n'est pas, comme dans les pays dont je viens de parler, nettement dominé par une politique. Il est mêlé de politique, ce qui est fort différent ; et il est mêlé de politique de manière irrégulière et inconstante. On peut dire qu'il est libre, mais comme nous-mêmes sommes libres, d'une liberté tempérée à chaque instant par la crainte de ses excès, mais ravivée, dès l'instant suivant, par la crainte de l'excès contraire. À peine sommes-nous rassurés par l'énergie qui s'annonce et qui va se montrer, que nous nous hérissons contre cette démonstration esquissée.

L'enseignement montre donc son incertitude et la montre à sa façon. La tradition et le progrès se partagent ses désirs. Tantôt il s'avance résolument, esquisse des programmes qui font table rase de bien des traditions littéraires ou scientifiques ; tantôt le souci respectable de ce qu'on nomme les *humanités* le rappelle à elles, et l'on voit s'élever, une fois de plus, la dispute infinie que vous savez entre les morts et les vivants, où les vivants n'ont pas toujours l'avantage. Je suis bien obligé de remarquer que, dans ces discussions et dans cette alternative, les questions fondamentales ne sont jamais énoncées. Je sais que le problème est horriblement difficile. La quantité croissante des connaissances d'une part, le souci de conserver certaines qualités que nous considérons, à tort ou à raison, non seulement comme supérieures en soi, mais comme caractéristiques de la nation, se peuvent difficilement accorder. Mais si l'on considérait le sujet lui-même de l'éducation : *l'enfant*, dont il s'agit de faire un homme, et si l'on se demandait ce que l'on veut au juste que cet enfant devienne, il me semble que le problème serait singulièrement et heureusement transformé, et que tout programme, toute méthode d'enseignement, comparés point par point, à l'idée de cette transformation à obtenir et du sens dans lequel elle devrait s'opérer, seraient par là jugés. Supposons, par exemple, que l'on dise :

– Il s'agit de donner à cet enfant (pris au hasard) les notions nécessaires pour qu'il apporte à la nation un homme capable de gagner sa vie, de vivre dans le monde moderne où il devra vivre, d'y apporter un élément utile, un élément non dangereux, mais un élément capable de concourir à la prospérité générale. D'autre part, capable de jouir des acquisitions de toute espèce de la civilisation, de les accroître ; en somme, de coûter le moins possible aux autres et de leur apporter le plus...

Je ne dis pas que cette formule soit définitive ni complète ni même du tout satisfaisante. Je dis que c'est dans cet ordre de questions qu'il faut, avant toute chose, fixer son esprit quand on veut statuer sur l'enseignement. Il est clair qu'il faut d'abord inculquer aux jeunes gens les conventions fondamentales qui leur permettront les relations avec leurs semblables, et les notions qui, éventuellement, leur donneront les moyens de développer leur force ou de parer à leurs faiblesses dans le milieu social. Mais quand on examine ce qui est, on est frappé de voir combien les méthodes en usage, si méthodes il y a (et il ne s'agit pas seulement d'une combinaison de routine, d'une part, et d'expérience ou d'anticipation téméraire, d'autre part), négligent cette réflexion préliminaire que j'estime essentielle. Les préoccupations dominantes semblent être de donner aux enfants une culture disputée entre la tradition dite classique, et le désir naturel de les initier à l'énorme développement des connaissances et de l'activité modernes. Tantôt une tendance l'emporte, tantôt l'autre ; mais jamais, parmi tant d'arguments, jamais ne se produit la question essentielle :

- *Que veut-on et que faut-il vouloir ?*

C'est qu'elle implique une décision, un parti à prendre. Il s'agit de se représenter *l'homme de notre temps* , et cette *idée de l'homme* dans le milieu probable où il vivra doit être d'abord établie. Elle doit résulter de l'observation précise, et non du sentiment et des préférences des uns et des autres, - de leurs espoirs politiques, notamment. Rien de plus coupable, de plus pernicieux et de plus décevant que la politique de parti en matière d'enseignement. Il est cependant un point où tout le monde s'entend, s'accorde déplorablement. Disons-le : l'enseignement a pour objectif réel, le *diplôme* .

Je n'hésite jamais à le déclarer, le diplôme est l'ennemi mortel de la culture. Plus les diplômes ont pris d'importance dans la vie (et cette importance n'a fait que croître à cause des circonstances économiques), plus le rendement de l'enseignement a été faible. Plus le contrôle s'est exercé, s'est multiplié, plus les résultats ont été mauvais.

Mauvais par ses effets sur l'esprit public et sur l'esprit tout court. Mauvais parce qu'il crée des espoirs, des illusions de droits acquis. Mauvais par tous les stratagèmes et les subterfuges qu'il suggère ; les recommandations, les préparations stratégiques, et, en somme, l'emploi de tous expédients pour franchir le seuil redoutable. C'est là, il faut l'avouer, une étrange et détestable initiation à la vie intellectuelle et civique.

D'ailleurs, si je me fonde sur la seule expérience et si je regarde les effets du contrôle en général, je constate que le contrôle, en toute matière, aboutit à vicier l'action, à la pervertir... Je vous l'ai déjà dit : dès qu'une action est soumise à un contrôle, le but profond de celui qui agit n'est plus l'action même, mais il conçoit d'abord la prévision du contrôle, la mise en échec des moyens de contrôle. Le contrôle des études n'est qu'un cas particulier et une démonstration éclatante de cette observation très générale.

Le diplôme fondamental, chez nous, c'est le baccalauréat. Il a conduit à orienter les études sur un programme strictement défini et en considération d'épreuves qui, avant tout, représentent, pour les examinateurs, les professeurs et les patients, une perte totale, radicale et non compensée, de temps et de travail. Du jour où vous créez un diplôme, un contrôle bien défini, vous voyez aussitôt s'organiser en regard tout un dispositif non moins précis que votre programme, qui a pour but unique de conquérir ce diplôme par tous moyens. Le but de l'enseignement n'étant plus la formation de l'esprit, mais l'acquisition du diplôme, c'est le minimum exigible qui devient l'objectif des études. Il ne s'agit plus d'apprendre le latin, ou le grec, ou la géométrie. Il s'agit *d'emprunter*, et non plus *d'acquérir*, d'emprunter ce qu'il faut pour passer le *baccalauréat*.

Ce n'est pas tout. Le diplôme donne à la société un fantôme de garantie, et aux diplômés des fantômes de droits. Le diplômé passe officiellement pour savoir : il garde toute sa vie ce brevet d'une science momentanée et purement expédiente. D'autre part, ce diplômé au nom de la loi est porté à croire qu'on lui doit quelque chose. Jamais convention plus néfaste à tout le monde, à l'État et aux individus (et, en particulier, à la culture), n'a été instituée. C'est en considération du diplôme, par exemple, que l'on a vu se substituer à la lecture des auteurs l'usage des résumés, des manuels, des comprimés de science extravagants, les recueil de questions et de réponses toutes faites, extraits et autres abominations.

Il en résulte que plus rien dans cette culture adultérée ne peut aider ni convenir à la vie d'un esprit qui se développe.

Je ne veux pas examiner en détail les diverses matières de cet enseignement détestable : je me bornerai à vous montrer à quel point l'esprit se trouve choqué et blessé par ce système dans ses parties les plus sensibles.

Laissons la question du grec et celle du latin, c'est une dérision que l'histoire des vicissitudes de ces enseignements. On remet, ou on retire, selon le flux ou le reflux, un peu plus de grec ou un peu plus de latin dans les programmes. Mais quel grec et quel latin ! La querelle dite des « humanités » n'est que le combat des simulacres de culture. L'impression qu'on éprouve devant l'usage que l'on fait de ces malheureuses langues deux fois mortes est celle d'une étrange falsification. Ce ne sont plus véritablement des langues ni des littératures dont on s'occupe, ces langages semblent n'avoir jamais été parlés que par des fantômes. Ce sont, pour l'immense majorité de ceux qui font semblant de les étudier, des conventions bizarres dont l'unique fonction est de constituer les difficultés d'un examen. Sans doute le latin et le grec ont beaucoup changé depuis un siècle. Actuellement, l'antiquité n'est plus du tout celle de Rollin, pas plus que les chefs-d'œuvre de la sculpture antique ne sont, depuis cent ans, ni l'*Apollon du Belvédère* ni *Le Laocoon* ; et sans doute on ne sait plus ni le latin des jésuites ni celui des docteurs en philologie. On sait un latin, ou, plutôt, on fait semblant de savoir un latin, dont la version du baccalauréat est la fin dernière et définitive. J'estime, pour ma part, que mieux vaudrait rendre l'enseignement des langues mortes entièrement facultatif, sans épreuves obligatoires, et dresser seulement quelques élèves à les connaître assez solidement, plutôt que de les contraindre en masse à absorber des parcelles inassimilables de langages qui n'ont jamais existé... Je croirai à l'enseignement des langues antiques quand j'aurai vu, en chemin de fer, un voyageur sur mille tirer de sa poche un petit Thucydide ou un charmant Virgile, et s'y absorber, foulant aux pieds journaux et romans plus ou moins policiers.

Mais passons au français. Il me suffira, sur ce point, de vous apprendre une chose immense : la France est le seul pays du monde où l'on ne puisse absolument pas apprendre à parler le français. Allez à Tokyo à Hambourg, à Melbourne, il n'est pas impossible que l'on vous y enseigne à prononcer correctement votre langue. Mais faites, au contraire, le tour de France, c'est-à-dire le tour des accents, et vous connaîtrez Babel. Rien de moins étonnant : on ne prononce spontanément le véritable français que dans les régions où le français s'est formé. Mais ce qui, au contraire, peut étonner l'observateur, - mais qui semble ne pas étonner les éducateurs, - c'est que ces diverses prononciations françaises : accent marseillais, picard, lyonnais, limousin, corse ou germanique, ne soient, dans une nation dont on connaît les goûts très vifs pour l'unification, réformés, corrigés, de manière que tous les français puissent reconnaître leur langue, en tous les points du territoire.

Ici se placent les méfaits de l'orthographe. Parcourons donc les provinces de notre pays. Nous trouverons dans les divers parlers locaux que les voyelles du français sont généralement altérées selon les provinces. Mais, au contraire, nous observons que la *figure* des mots, cette figure articulée qui est en quelque sorte construite ou dessinée par les *consonnes*, est rigoureusement, beaucoup trop rigoureusement, formée par toutes ces bouches selon la criminelle orthographe. On constate, par exemple, que toutes les lettres doublées dans l'écriture et que le français ne devrait pas faire sentir sont terriblement fortifiées dans la parole. Tout se prononce. On dira, par exemple, som*p*tueux ou dom*p*ter... Et, dans le Midi, nous disons fort bien : *La valeur n'attend pas le nombre des années*.

Ce n'est pas ici le lieu de faire le procès complet de l'orthographe. L'absurdité de notre orthographe qui est, en vérité, une des fabrications les plus cocasses du monde, est bien connue. Elle est un recueil impérieux ou impératif d'une quantité d'erreurs d'étymologies artificiellement fixées par des décisions inexplicables. Laissons ce procès de côté (non sans observer à quel point la complication orthographique de notre langue la met en état d'infériorité vis-à-vis de certaines autres. L'italien est parfaitement phonétique, cependant que le français, qui est riche, possède deux manières d'écrire *f* , quatre manières d'écrire *k* , deux d'écrire *z* , etc.).

Mais je reviens à la langue parlée. Croyez-vous que notre littérature, et singulièrement notre poésie, ne pâtisse pas de notre négligence dans l'éducation de la parole ? Que voulez-vous que devienne un poète, un véritable poète, un homme pour qui les sons du langage ont une importance égale (*égale, vous m'entendez bien !*) à celle du sens, quand, ayant calculé de son mieux ses figures rythmiques, la valeur de la voix et des timbres, il lui arrive d'entendre cette musique si particulière qu'est la poésie, interprétée, ou plutôt massacrée, selon l'un des divers accents que je vous ai énumérés ? Mais même lorsque l'accent est celui du véritable français, la diction scolaire telle qu'elle est pratiquée est tout bonnement criminelle. Allez donc entendre du La Fontaine, du Racine, récité dans une école quelconque ! La consigne est littéralement d'ânonner, et, d'ailleurs, jamais la moindre idée du rythme, des assonances et des allitérations qui constituent la substance sonore de la poésie n'est donnée et démontrée aux enfants. On considère sans doute comme futilités ce qui est la substance même de la poésie. Mais, en revanche, on exigera des candidats aux examen une certaine connaissance de la poésie et des poètes. Quelle étrange connaissance ! N'est-il pas étonnant que l'on substitue cette connaissance purement abstraite (et qui n'a d'ailleurs qu'un rapport lointain avec la poésie), à la sensation même du poème ? Cependant qu'on exige le respect de la partie absurde de notre langage, qui est sa partie orthographique, on tolère la falsification la plus barbare de la partie phonétique, c'est-à-dire la langue vivante. L'idée fondamentale semble ici, comme en d'autres matières, d'instituer des moyens de contrôle *faciles* , car rien n'est plus facile que de constater la conformité de l'écriture d'un texte, ou sa non-conformité, avec l'orthographe légale, aux dépens de la véritable connaissance, c'est-à-dire de la sensation poétique. L'orthographe est devenue le critérium de la belle éducation, cependant que le sentiment musical, le nombre et le dessin des phrases ne jouent absolument aucun rôle dans les études ni dans les épreuves...

L'éducation ne se borne pas à l'enfance et à l'adolescence. L'enseignement ne se limite pas à l'école. Toute la vie, notre milieu est notre éducateur, et un éducateur à la fois sévère et dangereux.

Sévère, car les fautes ici se paient plus sérieusement que dans les collèges, et dangereux, car nous n'avons guère conscience de cette action éducatrice, bonne ou mauvaise, du milieu et de nos semblables. Nous apprenons quelque chose à chaque instant ; mais ces leçons immédiates sont en général insensibles. Nous sommes faits, pour une grande part, de tous les événements qui ont eu prise sur nous ; mais nous n'en distinguons pas les effets qui s'accumulent et se combinent en nous. Voyons d'un peu plus près comment cette éducation de hasard nous modifie.

Je distinguerai deux sortes de ces leçons accidentelles de tous les instants : les unes, qui sont les bonnes, ou, du moins, qui pourraient l'être, ce sont les *leçons de choses*, ce sont les expériences qui nous sont imposées, ce sont les faits qui sont directement observés ou subis par nous-mêmes. Plus cette observation est directe, plus nous percevons directement les choses, ou les événements, ou les êtres, sans traduire aussitôt nos impressions en clichés, en formules toutes faites, et plus ces perceptions ont de valeur. J'ajoute – ce n'est pas un paradoxe – qu'une perception directe est d'autant plus précieuse que nous savons moins l'exprimer. Plus elle met en défaut les ressources de notre langage, plus elle nous contraint à les développer.

Nous possédons en nous toute une réserve de formules, de dénominations, de locutions toutes prêtes, qui sont de pure imitation, qui nous délivrent du soin de penser, et que nous avons tendance à prendre pour des solutions valables et appropriées.

Nous répondons le plus souvent à ce qui nous frappe par des paroles dont nous ne sommes pas les véritables auteurs. Notre pensée – ou ce que nous prenons pour notre pensée – n'est alors qu'une simple réponse automatique. C'est pourquoi il faut difficilement se croire soi-même *sur parole*. Je veux dire que la parole qui nous vient à l'esprit, généralement n'est pas de nous.

Mais d'où vient-elle ? C'est ici que se manifeste le second genre de leçons dont je vous parlais. Ce sont celles qui ne nous sont pas données par notre expérience personnelle directe, mais que nous tenons de nos lectures ou de la bouche d'autrui.

Vous le savez, mais vous ne l'avez peut-être pas assez médité, à quel point l'ère moderne est *parlante*. Nos villes sont couvertes de gigantesques écritures. La nuit même est peuplée de mots de feu. Dès le matin, des feuilles imprimées innombrables sont aux mains des passants, des voyageurs dans les trains, et des paresseux dans leurs lits. Il suffit de tourner un bouton dans sa chambre pour entendre les voix du monde, et parfois la voix de nos maîtres. Quant aux livres, on n'en a jamais tant publié. On n'a jamais tant lu, ou plutôt tant parcouru !

Que peut-il résulter de cette grande débauche ?

Les mêmes effets que je vous décrivais tout à l'heure ; mais, cette fois, c'est notre sensibilité verbale qui s'est brutalisée, émoussée, dégradée... Le langage s'use en nous.

L'épithète est dépréciée. L'inflation de la publicité a fait tomber à rien la puissance des adjectifs les plus forts. La louange et même l'injure sont dans la détresse ; on doit se fatiguer à chercher de quoi glorifier ou insulter les gens !

D'ailleurs, la quantité des publications, leur fréquence diurne, le flux des choses qui s'impriment ou se diffusent, emportent du matin au soir les jugements et les impressions, les mélangent et les malaxent, et font de nos cervelles une substance véritablement grise, où rien ne dure, rien ne domine, et nous éprouvons l'étrange impression de la monotonie de la nouveauté, et de l'ennui des merveilles et des extrêmes.

Que faut-il conclure de ces constatations ?

Si incomplètes qu'elles soient, je pense qu'elles suffisent à faire concevoir des craintes sérieuses sur les destins de l'intelligence telle que nous la connaissions jusqu'ici. Nous sommes en possession d'un modèle de l'esprit et de divers étalons de valeur intellectuelle qui, quoique forts anciens, - pour ne pas dire : immémoriaux, - ne sont peut-être pas éternels.

Par exemple, nous n'imaginons guère encore que le travail mental puisse être collectif. L'individu semble essentiel à l'accroissement de la science la plus élevée et à la production des arts. Quant à moi, je m'en tiens énergiquement à cette opinion ; mais j'y reconnais mon sentiment propre, et je sais que je dois douter de mon sentiment : plus il est fort, plus j'y retrouve ma personne, et je me dis qu'il ne faut pas essayer de lire dans une personne les lignes de l'avenir. Je m'oblige à ne pas me prononcer sur les grandes énigmes que nous propose l'ère moderne. Je vois qu'elle soumet nos esprits à des épreuves inouïes.

Toutes les notions sur lesquelles nous avons vécu sont ébranlées. Les sciences mènent la danse. Le temps, l'espace, la matière, sont comme sur le feu, et les catégories sont en fusion.

Quand aux principes politiques et aux lois économiques, vous savez assez que Méphistophélès en personne semble aujourd'hui les avoir engagés dans la troupe de son sabbat.

Enfin, la question si difficile et si controversée des rapports entre l'individu et l'État se pose : l'État, c'est-à-dire l'organisation de plus en plus précise, étroite, exacte, qui prend à l'individu toute la portion qu'il veut de sa liberté, de son travail, de son temps, de ses forces et, en somme, de sa vie, pour lui donner... Mais quoi lui donner ? Pour lui donner de quoi jouir du reste, développer ce reste ?... Ce sont des parts bien difficiles à déterminer. Il semble que l'État actuellement l'emporte et que sa puissance tende à absorber presque entièrement l'individu.

Mais l'individu, c'est aussi la liberté de l'esprit. Or, nous avons vu que cette liberté (dans son sens le plus élevé) devient illusoire par le seul effet de la vie moderne. Nous sommes suggestionnés, harcelés, abêtis, en proie à toutes les contradictions, à toutes les dissonances qui déchirent le milieu de la civilisation actuelle. L'individu est déjà compromis, avant même que l'État l'ait entièrement assimilé.

Je vous ai dit que je conclurai pas, mais je terminerai sur une manière de conseil.

Parmi tous les traits de l'époque, il en est un dont je ne dirai pas de mal. Je ne suis pas ennemi du sport... J'entends du sport qui ne dérive pas de la seule imitation et de la mode, ni de celui qui fait trop grand bruit dans les journaux. Mais j'aime l'idée sportive. Et je la transporte volontiers dans le domaine de l'esprit. Cette idée conduit à porter au point le plus élevé quelqu'une de nos qualités natives en observant cependant l'équilibre de toutes, car un sport qui déforme son sujet est un mauvais sport. Enfin, tout sport sérieusement pratiqué exige des épreuves, des privations parfois sévères, une hygiène, une tension et une constance mesurables par les résultats, - en somme, une véritable morale de l'action qui tend à développer le type humain par un dressage fondé sur l'analyse de ses facultés et de leur excitation raisonnée. On pourrait le caractériser par cette formule d'apparence paradoxale en disant qu'il consiste dans l'éducation réfléchie des réflexes.

Mais l'esprit, tout esprit qu'il est, peut se traiter par des méthodes analogues. Le fonctionnement de notre esprit peut se considérer comme une suite très irrégulièrement constituée de productions inconscientes et d'interventions de la conscience. Nous sommes mentalement une succession de transformations dont les unes, les conscientes, sont plus complexes que les autres, les inconscientes. Tantôt nous rêvons, tantôt nous veillons ! Voilà le fait grossement exprimé. Or, tous les progrès positifs, incontestables de la puissance humaine, sont dus à l'utilisation de ces deux modes d'existence psychique, avec accroissement de la conscience, c'est-à-dire : accroissement de l'action volontaire intérieure. Si le civilisé pense d'une manière différente du primitif, c'est par conséquence de la prédominance des réactions conscientes sur les produits inconscients. Sans doute, ces derniers sont la matière indispensable, et parfois du plus haut prix, de nos pensées, mais leur valeur durable dépend finalement de la conscience.

Le sport intellectuel consiste donc dans le développement et le contrôle de nos actes intérieurs. Comme le virtuose du piano ou du violon arrive à accroître artificiellement, par études sur soi-même, la conscience de ses impulsions et à les posséder distinctement de manière à acquérir une liberté d'ordre supérieur, ainsi faudrait-il, dans l'ordre de l'intellect, acquérir un art de penser, se faire une sorte de psychologie dirigée... C'est la grâce que je vous souhaite.

REGARDS SUR LE MONDE ACTUEL

AVANT-PROPOS

Ce petit recueil se dédie de préférence aux personnes qui n'ont point de système et sont absentes des partis ; qui par là sont libres encore de douter de ce qui est douteux et de ne point rejeter ce qui ne l'est pas.

D'ailleurs, ce ne sont ici que des études de circonstance. Il en est de 1895, il en est d'hier, il en est d'aujourd'hui. Elles ont ce caractère commun d'être des essais, au sens le plus véritable de ce terme. On n'y trouvera que le dessein de préciser quelques idées qu'il faudrait bien nommer *politiques,* si ce beau mot de politique, très séduisant et excitant pour l'esprit, n'éveillait de grands scrupules et de grandes répugnances dans l'esprit de l'auteur. Il n'a voulu que se rendre un peu plus nettes les notions qu'il avait reçues de tout le monde, ou qu'il s'était formées comme tout le monde, et qui servent à tout le monde à penser aux groupes humains, à leurs relations réciproques et à leurs gênes mutuelles.

Essayer de préciser en ces matières n'est assurément pas le fait des hommes qui s'y entendent ou qui s'en mêlent : il s'agit donc d'un amateur.

Je ne sais pourquoi les entreprises du Japon contre la Chine et des États-Unis contre l'Espagne, qui se suivirent d'assez près, me firent, dans leur temps , une impression particulière. Ce ne furent que des conflits très restreints où ne s'engagèrent que des forces de médiocre importance ; et je n'avais, quant à moi, nul motif de m'intéresser à ces choses lointaines, auxquelles rien dans mes occupations ni dans mes soucis ordinaires ne me disposait à être sensible. Je ressentis toutefois ces événements distincts non comme des accidents ou des phénomènes limités, mais comme des symptômes ou des prémisses, comme des faits significatifs dont la signification passait de beaucoup l'importance intrinsèque et la portée apparente. L'un était le premier acte de puissance d'une nation asiatique réformée et équipée à l'européenne ; l'autre, le premier acte de puissance d'une nation déduite et comme développée de l'Europe, contre une nation européenne.

Un choc qui nous atteint dans une direction imprévue nous donne brusquement une sensation nouvelle de l'existence de notre corps en tant qu'inconnu ; nous ne savions pas tout ce que nous étions, et il arrive que cette sensation brutale nous rende elle-même sensibles, par un effet secondaire, à une grandeur et à une figure inattendues de notre domaine vivant. Ce coup indirect en Extrême-Orient, et ce coup direct dans les Antilles me firent donc percevoir confusément l'existence de quelque chose qui pouvait être atteinte et inquiétée par de tels événements. Je me trouvai « sensibilisé » à des conjonctures qui affectaient une sorte d'idée virtuelle de l'Europe que j'ignorais jusqu'alors porter en moi.

Je n'avais jamais songé qu'il existât véritablement une Europe. Ce nom ne m'était qu'une expression géographique. Nous ne pensons que par hasard aux circonstances permanentes de notre vie ; nous ne les percevons qu'au moment qu'elles s'altèrent tout à coup. J'aurai l'occasion de montrer tout à l'heure à quel point notre inconscience à l'égard des conditions les plus simples et les plus constantes de notre existence et de nos jugements rend notre conception de l'histoire si grossière, notre politique si vaine, et parfois si naïve dans ses calculs. Elle conduit les plus grands hommes à concevoir des desseins qu'ils évaluent par imitation et par rapport à des conventions dont ils ne voient pas l'insuffisance.

J'avais en ce temps-là le loisir de m'engager dans les lacunes de mon esprit. Je me pris à essayer de développer mon sentiment ou mon idée infuse de l'Europe. Je rappelai à moi le peu que je savais. Je me fis des questions, je rouvris, j'entr'ouvris des livres. Je croyais qu'il fallait étudier l'histoire, et même l'approfondir, pour se faire une idée juste du jour même. Je savais que toutes les têtes occupées du lendemain des peuples en étaient nourries. Mais quant à moi je n'y trouvai qu'un *horrible mélange*. Sous le nom d'histoire de l'Europe, je ne voyais qu'une collection de chroniques parallèles qui s'entremêlaient par endroits. Aucune méthode ne semblait avoir précédé le choix des « faits », décidé de leur importance, déterminé nettement l'objet poursuivi. Je remarquai un nombre incroyable d'hypothèses implicites et d'entités mal définies.

L'histoire, ayant pour matière *la quantité des événements ou des états qui dans le passé ont pu tomber sous le sens de quelque témoin*, la sélection, la classification, l'expression des faits qui nous sont conservés ne nous sont pas imposées par la nature des choses ; elles devraient résulter d'une analyse et de décisions explicites ; elles sont pratiquement toujours abandonnées à des habitudes et à des manières traditionnelles de penser ou de parler dont nous ne soupçonnons pas le caractère accidentel ou arbitraire. Cependant nous savons que dans toutes les branches de la connaissance, un progrès décisif se déclare au moment que des notions spéciales, tirées de la considération précise des objets mêmes du savoir, et faites exactement pour relier directement l'observation à l'opération de la pensée et celle-ci à nos pouvoirs d'action, se substituent au langage ordinaire, moyen de première approximation que nous fournissent l'éducation et l'usage. Ce moment capital des définitions et des conventions nettes et spéciales qui viennent remplacer les significations d'origine confuse et statistique n'est pas arrivé pour l'histoire.

En somme, ces livres où je cherchais ce qu'il me fallait pour apprécier l'effet singulier que me produisaient quelques nouvelles, ne m'offraient qu'un désordre d'images, de symboles et de thèses dont je pouvais déduire ce que je voulais, mais non ce qu'il me fallait. Me résumant mes impressions, je me disais qu'une partie des œuvres historiques s'applique et se réduit à nous colorer quelques scènes, étant convenu que ces images *doivent* se placer dans le « passé ». Cette convention a de tout temps engendré de très beaux livres ; et parmi ces livres, il n'y a pas lieu de distinguer (puisqu'il ne s'agit que du plaisir ou de l'excitation qu'ils procurent) entre ceux de témoins véritables et ceux de témoins imaginaires. Ces ouvrages sont parfois d'une *vérité* irrésistible ; ils sont pareils à ces portraits dont les modèles sont poussière depuis les siècles, et qui nous font toutefois crier à la ressemblance. Rien, dans leurs effets instantanés sur le lecteur, ne permet de distinguer, sous le rapport de l'authenticité, entre les peintures de Tacite, de Michelet, de Shakespeare, de Saint-Simon ou de Balzac. On peut à volonté les considérer tous comme *inventeurs,* ou bien tous comme *reporteurs*. Les prestiges de l'art d'écrire nous transportent fictivement dans les époques qui leur plaisent. C'est pourquoi, entre le pur conte et le livre d'histoire pure, tous les *titrages,* tous les degrés existent : romans historiques, biographies romanesques, etc. On sait d'ailleurs que dans l'histoire même, parfois paraît le surnaturel. La personnalité du lecteur est alors directement mise en cause ; car c'est lui dont le sentiment admettra ou rejettera certains faits, décidera ce qui est histoire et ce qui ne l'est point.

Une autre catégorie d'historiens construisent des traités si bien raisonnés, si sagaces, si riches en jugements profonds sur l'homme et sur l'évolution des affaires que nous ne pouvons penser que les choses se soient engagées et développées différemment.

De tels travaux sont des merveilles de l'esprit. Il en est que rien ne passe dans la littérature et dans la philosophie ; mais il faut prendre garde que les affections et les couleurs dont les premiers nous séduisent et nous amusent, la causalité admirable dont les seconds nous persuadent, dépendent essentiellement des talents de l'écrivain et de la résistance critique du lecteur.

Il n'y aurait qu'à jouir de ces beaux fruits de l'art historique et nulle objection ne s'élèverait contre leur usage, si la politique n'en était tout influencée. Le passé, plus ou moins fantastique, ou plus ou moins organisé après coup, agit sur le futur avec une puissance comparable à celle du présent même. Les sentiments et les ambitions s'excitent de souvenirs de lectures, de souvenirs de souvenirs, bien plus qu'ils ne résultent de perceptions et de données actuelles. Le caractère réel de l'histoire est de prendre part à l'histoire même. L'idée du passé ne prend un sens et ne constitue une valeur que pour l'homme qui se trouve en soi-même une passion de l'avenir. L'avenir, par définition, n'a point d'image. L'histoire lui donne les moyens d'être pensé. Elle forme pour l'imagination une table de situations et de catastrophes, une galerie d'ancêtres, un formulaire d'actes, d'expressions, d'attitudes, de décisions offerts à notre instabilité et à notre incertitude, pour nous aider *à devenir*. Quand un homme ou une assemblée, saisis de circonstances pressantes ou embarrassantes, se trouvent contraints d'agir, leur délibération considère bien moins l'état même des choses *en tant qu'il ne s'est jamais présenté jusque-là*, qu'elle ne consulte ses souvenirs imaginaires. Obéissant à une sorte de loi de moindre action, répugnant à créer, à répondre par l'invention à l'originalité de la situation, la pensée hésitante tend à se rapprocher de l'automatisme ; elle sollicite les précédents et se livre à l'esprit historique qui l'induit à se *souvenir d'abord,* même quand il s'agit de disposer pour un cas tout à fait nouveau. L'histoire alimente l'histoire.

Il est probable que Louis XVI n'eût pas péri sur l'échafaud sans l'exemple de Charles Ier, et que Bonaparte, s'il n'eût médité le changement de la République romaine en un empire fondé sur le pouvoir militaire, ne se fût point fait empereur. Il était un amateur passionné de lectures historiques ; il a rêvé toute sa vie d'Annibal, de César, d'Alexandre et de Frédéric ; et cet homme fait pour créer, qui s'est trouvé en possession de reconstruire une Europe politique que l'état des esprits après trois siècles de découvertes, et au sortir du bouleversement révolutionnaire, pouvait permettre d'organiser, s'est perdu dans les perspectives du passé et dans des mirages de grandeurs mortes. Il a décliné dès qu'il a cessé de dérouter. Il s'est ruiné pour s'être rendu semblable à ses adversaires, pour avoir adoré leurs idoles, imité de toute sa force ce qui faisait leur faiblesse, et substitué à sa vision propre et directe des choses l'illusion du décor de la politique historique.

Bismarck, au Congrès de Berlin, dominé par cet esprit historique qu'il prend pour esprit réaliste, ne veut considérer que l'Europe, se désintéresse de l'Afrique, n'use de son génie, de son prestige qui le faisait maître de l'instant, que pour engager les puissances dans des intérêts coloniaux qui les opposassent et les maintinssent rivales, jalousement divisées, sans prévoir que l'heure était toute proche où l'Allemagne devrait convoiter ardemment ce qu'elle avait excité les autres nations à se partager, et les assemblerait par là contre elle-même, trop tard venue. Il a bien pensé au lendemain, mais point à un lendemain qui ne se fût jamais présenté.

A cette exagération du rôle des souvenirs d'autrui, plus ou moins exacts, plus ou moins significatifs, correspond et s'accorde une absence ou une insuffisance de méthode dans le choix, la classification, la détermination des valeurs des choses enregistrées. En particulier, l'histoire semble ne tenir aucun compte de l'échelle des phénomènes qu'elle représente. Elle omet de signaler les relations qui doivent nécessairement exister entre la figure et la grandeur des événements ou des situations qu'elle rapporte ; les nombres et les grandeurs sont toutefois des éléments essentiels de description. Elle ne s'inquiète pas des problèmes de *similitude*. C'est là une des causes qui font si fallacieux l'usage politique de l'histoire. Ce qui était possible dans l'étendue d'une cité antique ne l'est plus dans les dimensions d'une grande nation ; ce qui était vrai dans l'Europe de 1870 ne l'est plus quand les intérêts et les liaisons s'élargissent à toute la terre. Les notions mêmes dont nous nous servons pour penser aux objets politiques et pour en discourir, et qui sont demeurées invariables malgré le changement prodigieux de l'ordre de grandeur et du nombre des relations, sont insensiblement devenues trompeuses ou incommodes. Le mot *peuple*, par exemple, avait un sens précis quand on pouvait rassembler *tous* les citoyens d'une cité autour d'un tertre, dans un Champ de Mars. Mais l'accroissement du nombre, le passage de l'ordre des mille à celui des millions, a fait de ce mot un terme monstrueux dont le sens dépend de la phrase où il entre ; il désigne tantôt la totalité indistincte et jamais présente nulle part ; tantôt, le plus grand nombre, opposé au nombre restreint des individus plus fortunés ou plus cultivés...

Les mêmes observations s'appliquent aux durées. Rien de plus aisé que de relever dans les livres d'histoire l'absence de phénomènes considérables que la lenteur de leur production rend imperceptibles. Ils échappent à l'historien, car aucun document ne les mentionne expressément. Ils ne pourraient être perçus et relevés que par un système préétabli de questions et de définitions préalables qui n'a jamais été conçu jusqu'ici. Un événement qui se dessine en un siècle ne figure dans aucun diplôme, dans aucun recueil de mémoires. Tel, le rôle immense et singulier de la ville de Paris dans la vie de la France à partir de la Révolution. Telle, la découverte de l'électricité et la conquête de la terre par ses applications. Ces événements sans pareils dans l'histoire humaine n'y paraissent, quand ils y paraissent, que moins accusés que telle affaire plus *scénique*, et surtout plus conforme à ce que l'histoire traditionnelle a coutume de rapporter. L'électricité, du temps de Napoléon, avait à peu près l'importance que l'on pouvait donner au christianisme du temps de Tibère. Il devient peu à peu évident que cette innervation générale du monde est plus grosse de conséquences, plus capable de modifier la vie prochaine que tous les événements « politiques » survenus depuis Ampère jusqu'à nous.

On voit par ces remarques à quel point notre pensée historique est dominée par des traditions et des conventions inconscientes, combien peu elle a été influencée par le travail général de révision et de réorganisation qui s'est produit dans tous les domaines du savoir dans les temps modernes. Sans doute la critique historique a-t-elle fait de grands progrès ; mais son rôle se borne en général à discuter des faits et à établir leur probabilité ; elle ne s'inquiète pas de leur qualité. Elle les reçoit et les exprime à son tour en termes traditionnels, qui impliquent eux-mêmes toute une formation historique de concepts, par quoi s'introduit dans l'histoire le désordre initial qui résulte d'une infinité de points de vue ou d'observateurs. Tout chapitre d'histoire contient un nombre quelconque de données subjectives et de « constantes arbitraires ». Il en résulte que le problème de l'historien demeure indéterminé dès qu'il ne se borne plus à établir ou à contester l'existence d'un fait qui eût pu tomber sous les sens de quelque témoin. La notion d'événement, qui est fondamentale, ne semble pas avoir été reprise et repensée comme il conviendrait, et c'est ce qui explique que des relations de première importance n'ont jamais été signalées, ou n'ont pas été mises en valeur, comme je le montrerai tout à l'heure. Tandis que dans les sciences de la nature, les recherches multipliées depuis trois siècles nous ont refait une manière de voir, et substitué à la vision et à la classification naïve de leurs objets, des systèmes de notions spécialement élaborées, nous en sommes demeurés dans l'ordre historico-politique à l'état de considération passive et d'observation désordonnée. Le même individu qui peut penser physique ou biologie avec des instruments de pensée comparables à des instruments de précision, pense politique au moyen de termes impurs, de notions variables, de métaphores illusoires. L'image du monde telle qu'elle se forme et agit dans les têtes politiques des divers genres et des différents degrés est fort loin d'être une représentation satisfaisante et méthodique du moment.

Désespérant de l'histoire, je me mis à songer à l'étrange condition où nous sommes presque tous, simples particuliers de bonne foi et de bonne volonté, qui nous trouvons engagés dès la naissance dans un drame politico-historique inextricable. Nul d'entre nous ne peut intégrer, reconstituer la nécessité de l'univers politique où il se trouve, au moyen de ce qu'il peut observer dans sa sphère d'expérience. Les plus instruits, les mieux placés peuvent même se dire, en évoquant ce qu'ils savent, en le comparant à ce qu'ils voient, que ce savoir ne fait qu'obscurcir le problème politique immédiat qui consiste après tout *dans la détermination des rapports d'un homme avec la masse des hommes qu'il ne connaît pas*. Quelqu'un de sincère avec soi-même et qui répugne à spéculer sur des objets qui ne se raccordent pas rationnellement à sa propre expérience, à peine ouvre-t-il son journal, le voici qui pénètre dans un monde métaphysique désordonné. Ce qu'il lit, ce qu'il entend excède étrangement ce qu'il constate ou pourrait constater. S'il se résume son impression : *Point de politique sans mythes,* pense-t-il...

Ayant donc fermé tous ces livres écrits en un langage dont les conventions étaient visiblement incertaines pour ceux-là mêmes qui l'employaient, j'ouvris un atlas et feuilletai distraitement cet album des figures du monde. Je regardai et je songeai. J'ai songé tout d'abord au degré de précision des cartes que j'avais sous les yeux. Je trouvais là un exemple simple de ce qu'on nommait le progrès, il y a soixante ans. Un portulan de jadis, une carte du XVIIe siècle, une moderne, marquent nettement des étapes, me dis-je...

L'œil de l'enfant s'ouvre d'abord dans un chaos de lumières et d'ombres, tourne et s'oriente à chaque instant dans un groupe d'inégalités lumineuses ; et il n'y a rien de commun encore entre ces régions de lueurs et les autres sensations de son corps. Mais les petits mouvements de ce corps lui imposent d'autre part un tout autre désordre d'impressions : il touche, il tire, il presse ; et son être, peu à peu, se dégrossit le sentiment total de sa propre forme. Par moments distincts et progressifs s'organise cette connaissance ; l'édifice de relations et de prévisions se dégage des contrastes et des séquences. L'œil, et le tact, et les actes se coordonnent en une table à plusieurs entrées, qui est le monde sensible, et il arrive enfin — *événement* capital ! — qu'un certain système de correspondances soit nécessaire et suffisant pour ajuster uniformément toutes les sensations colorées à toutes les sensations de la peau et des muscles. Cependant les *forces* de l'enfant s'accroissent, et le réel se construit comme une figure d'équilibre en laquelle la diversité des impressions et les conséquences des mouvements se composent.

L'espèce humaine s'est comportée comme cet être vivant le fait quand il s'anime et se développe dans un milieu dont il explore peu à peu et assemble par tâtonnements et raccords successifs les propriétés et l'étendue. L'espèce a reconnu lentement et irrégulièrement la figure superficielle de la terre ; visité et représenté de plus en plus près ses parties ; soupçonné et vérifié sa convexité fermée ; trouvé et résumé les lois de son mouvement ; découvert, évalué, exploité les ressources et les réserves utilisables de la mince couche dans laquelle toute vie est contenue...

Accroissement de netteté et de précision, accroissement de puissance, voilà les faits essentiels de l'histoire des temps modernes ; et que je trouve essentiels, parce qu'ils tendent à modifier l'homme même, et que la modification de la vie dans ses modes de conservation, de diffusion et de relation me paraît être le critérium de l'importance des faits à retenir et à méditer. Cette considération transforme les jugements sur l'histoire et sur la politique, y fait apparaître des disproportions et des lacunes, des présences et des absences arbitraires.

A ce point de mes réflexions, il m'apparut que toute l'aventure de l'homme jusqu'à nous devait se diviser en deux phases bien différentes : la première, comparable à la période de ces tâtonnements désordonnés, de ces pointes et de ces reculs dans un milieu informe, de ces éblouissements et de ces impulsions dans l'illimité, qui est l'histoire de l'enfant dans le chaos de ses premières expériences. Mais un certain ordre s'installe ; une ère nouvelle commence. Les actions en milieu fini, bien déterminé, nettement délimité, richement et puissamment relié, n'ont plus les mêmes caractères ni les mêmes conséquences qu'elles avaient dans un monde informe et indéfini.

Observons toutefois que ces périodes ne peuvent se distinguer nettement dans les faits. Une fraction du genre humain vit déjà dans les conditions de la seconde, cependant que le reste se meut encore dans la première. Cette inégalité engendre une partie notable des complications actuelles.

Considérant alors l'ensemble de mon époque, et tenant compte des remarques précédentes, je m'efforçai de ne percevoir que les circonstances les plus simples et les plus générales, qui fussent en même temps des circonstances nouvelles.

Je constatai presque aussitôt un événement considérable, un fait de première grandeur, que sa grandeur même, son évidence, sa nouveauté, ou plutôt sa singularité essentielle avaient rendu imperceptible à nous autres ses contemporains.

Toute la terre habitable a été de nos jours reconnue, relevée, partagée entre des nations. L'ère des terrains vagues, des territoires libres, des lieux qui ne sont à personne, donc l'ère de libre expansion, est close. Plus de roc qui ne porte un drapeau ; plus de vides sur la carte ; plus de région hors des douanes et hors des lois ; plus une tribu dont les affaires n'engendrent quelque dossier et ne dépendent, par les maléfices de l'écriture, de divers humanistes lointains dans leurs bureaux. *Le temps du monde fini commence*. Le recensement général des ressources, la statistique de la main-d'œuvre, le développement des organes de relation se poursuit. Quoi de plus remarquable et de plus important que cet inventaire, cette distribution et cet enchaînement des parties du globe ? Leurs effets sont déjà immenses. Une solidarité toute nouvelle, excessive et instantanée, entre les régions et les événements est la conséquence déjà très sensible de ce grand fait. Nous devons désormais rapporter tous les phénomènes politiques à cette condition universelle récente ; chacun d'eux représentant une obéissance ou une résistance aux effets de ce bornage définitif et de cette dépendance de plus en plus étroite des agissements humains. Les habitudes, les ambitions, les affections contractées au cours de l'histoire antérieure ne cessent point d'exister. — mais insensiblement transportées dans un milieu de structure très différente, elles y perdent leur sens et deviennent causes d'efforts infructueux et d'erreurs.

La reconnaissance totale du champ de la vie humaine étant accomplie, il arrive qu'à cette période de prospection succède une période de relation. Les parties d'un monde fini et connu se relient nécessairement entre elles de plus en plus.

Or, toute politique jusqu'ici spéculait sur l'*isolement des événements*. L'histoire était faite d'événements qui se pouvaient *localiser*. Chaque perturbation produite en un point du globe se développait comme dans un milieu illimité ; ses effets étaient nuls à distance suffisamment grande ; tout se passait à Tokio comme si Berlin fût à l'infini. Il était donc possible, il était même raisonnable de prévoir, de calculer et d'entreprendre. Il y avait place dans le monde pour une ou plusieurs grandes politiques bien dessinées et bien suivies.

Ce temps touche à sa fin. Toute action désormais fait retentir une quantité d'intérêts imprévus de toutes parts, elle engendre un train d'événements immédiats, un désordre de résonances dans une enceinte fermée. Les *effets des effets*, qui étaient autrefois insensibles ou négligeables relativement à la durée d'une vie humaine, et à l'aire d'action d'un pouvoir humain, se font sentir presque instantanément à toute distance, reviennent aussitôt vers leurs causes, ne s'amortissent que dans l'imprévu. L'attente du calculateur est toujours trompée, et l'est en quelques mois ou en peu d'années.

En quelques semaines, des circonstances très éloignées changent l'ami en ennemi, l'ennemi en allié, la victoire en défaite. Aucun raisonnement économique n'est possible. Les plus experts se trompent ; le paradoxe règne.

Il n'est de prudence, de sagesse ni de génie que cette complexité ne mette rapidement en défaut, car il n'est plus de durée, de continuité ni de causalité reconnaissable dans cet univers de relations et de contacts multipliés. Prudence, sagesse, génie ne sont jamais identifiés que par une certaine suite d'heureux succès ; dès que l'accident et le désordre dominent, le jeu savant ou inspiré devient indiscernable d'un jeu de hasard ; les plus beaux dons s'y perdent.

Par là, la nouvelle politique est à l'ancienne ce que les brefs calculs d'un agioteur, les mouvements nerveux de la spéculation dans l'enceinte du marché, ses oscillations brusques, ses retournements ses profits et ses pertes instables sont à l'antique économie du père de famille, à l'attentive et lente agrégation des patrimoines... Les desseins longuement suivis, les profondes pensées d'un Machiavel ou d'un Richelieu auraient aujourd'hui la consistance et la valeur d'un « tuyau de Bourse ».

Ce monde limité et dont le nombre des connexions qui en rattachent les parties ne cesse de croître, est aussi un monde qui s'équipe de plus en plus. L'Europe a fondé la science. La science a transformé la vie et multiplié la puissance de ceux qui la possédaient. Mais par sa nature même, elle est essentiellement transmissible ; elle se résout nécessairement en méthodes et en recettes universelles. Les moyens qu'elle donne aux uns, tous les autres les peuvent acquérir.

Ce n'est pas tout. Ces moyens accroissent la production, et non seulement en quantité. Aux objets traditionnels du commerce viennent s'adjoindre une foule d'objets nouveaux dont le désir et le besoin se créent par contagion ou imitation. On arrive bientôt à exiger de peuples moins avancés qu'ils acquièrent ce qu'il leur faut de connaissances pour devenir amateurs et acheteurs de ces nouveautés. Parmi elles, les armes les plus récentes. L'usage qu'on en fait contre eux les contraint d'ailleurs à s'en procurer. Ils n'y trouvent aucune peine ; on se bat pour leur en fournir ; on se dispute l'avantage de leur prêter l'argent dont ils les paieront.

Ainsi l'inégalité artificielle de forces sur laquelle se fondait depuis trois siècles la prédominance européenne tend à s'évanouir rapidement. L'inégalité fondée sur les caractères statistiques bruts tend à reparaître.

L'Asie est environ quatre fois plus vaste que l'Europe. La superficie du continent américain est légèrement inférieure à celle de l'Asie. La population de la Chine est à soi seule au moins égale à celle de l'Europe ; celle du Japon supérieure à celle de l'Allemagne.

Or, la politique européenne *locale*, dominant et rendant absurde la politique européenne *universalisée*, a conduit les Européens concurrents à exporter les procédés et les engins qui faisaient de l'Europe la suzeraine du monde. Les Européens se sont disputé le profit de déniaiser, d'instruire et d'armer des peuples immenses, immobilisés dans leurs tradition, et qui ne demandaient qu'à demeurer dans leur état.

De même que la diffusion de la culture dans un peuple y rend peu à peu impossible la conservation des castes, et de même que les possibilités d'enrichissement rapide de toute personne par le commerce et l'industrie ont rendu illusoire et caduque toute hiérarchie sociale stable, — ainsi en sera-t-il de l'inégalité fondée sur le pouvoir technique.

Il n'y aura rien eu de plus sot dans toute l'histoire que la concurrence européenne en matière politique et économique, comparée, combinée et confrontée avec l'unité et l'alliance européenne en matière scientifique. Pendant que les efforts des meilleures têtes de l'Europe constituaient un capital immense de savoir utilisable, la tradition naïve de la politique historique de convoitise et d'arrière-pensées se poursuivait, et cet esprit de *Petits-Européens* livrait, par une sorte de trahison, à ceux mêmes qu'on entendait dominer, les méthodes et les instruments de puissance. La lutte pour des concessions ou pour des emprunts, pour introduire des machines ou des praticiens, pour créer des écoles ou des arsenaux, — lutte qui n'est autre chose que le transport à longue distance des dissensions occidentales, — entraîne fatalement le retour de l'Europe au rang secondaire que lui assignent ses dimensions, et duquel les travaux et les échanges internes de son esprit l'avaient tirée. L'Europe n'aura pas eu la politique de sa pensée.

Il est inutile de se représenter des événements violents, de gigantesques guerres, des interventions à la Témoudjine, comme conséquences de cette conduite puérile et désordonnée. Il suffit d'imaginer le pire. Considérez un peu ce qu'il adviendra de l'Europe quand il existera par ses soins en Asie, deux douzaines de Creusot ou d'Essen, de Manchester ou de Roubaix, quand l'acier, la soie, le papier, les produits chimiques, les étoffes, la céramique et le reste y seront produits en quantités écrasantes, à des prix invincibles, par une population qui est la plus sobre et la plus nombreuse du monde, favorisée dans son accroissement par l'introduction des pratiques de l'hygiène.

Telles furent mes réflexions très simples devant mon atlas, quand les deux conflits dont j'ai parlé, et d'autre part, l'occasion de la petite étude que j'ai dû faire à cette époque sur le développement méthodique de l'Allemagne, m'eurent induit à ces questions.

Les grandes choses survenues depuis lors ne m'ont pas contraint de modifier ces idées élémentaires qui ne dépendaient que de constatations bien faciles et presque purement quantitatives. *La Crise de l'Esprit* que j'ai écrite au lendemain de la paix, ne contient que le développement de ces pensées qui m'étaient venues plus de vingt ans auparavant. Le résultat immédiat de la grande guerre fut ce qu'il devait être : il n'a fait qu'accuser et précipiter le mouvement de décadence de l'Europe. Toutes ses plus grandes nations affaiblies simultanément ; les contradictions internes de leurs principes devenues éclatantes ; le recours désespéré des deux partis aux non-Européens, comparable au recours à l'étranger qui s'observe dans les guerres civiles ; la destruction réciproque du prestige des nations occidentales par la lutte des propagandes, et je ne parle point de la diffusion accélérée des méthodes et des moyens militaires, ni de l'extermination des élites, — telles ont été les conséquences, quant à la condition de l'Europe dans le monde, de cette crise longuement préparée par une quantité d'illusions, et qui laisse après elle tant de problèmes, d'énigmes et de craintes, une situation plus incertaine, les esprits plus troublés, un avenir plus ténébreux qu'ils ne l'étaient en 1913. Il existait alors en Europe un équilibre de forces ; mais la paix d'aujourd'hui ne fait songer qu'a une sorte d'équilibre de faiblesses, nécessairement plus instable.

NOTES SUR LA GRANDEUR ET LA DÉCADENCE DE L'EUROPE

Dans les temps modernes, pas une puissance, pas un empire en Europe n'a pu demeurer au plus haut, commander au large autour de soi, ni même garder ses conquêtes pendant plus de cinquante ans. Les plus grands hommes y ont échoué ; même les plus heureux ont conduit leurs nations à la ruine. CharlesQuint, Louis XIV, Napoléon, Metternich, Bismarck, durée moyenne : quarante ans. Point d'exception.

L'Europe avait en soi de quoi se soumettre, et régir, et ordonner à des fins européennes le reste du monde. Elle avait des moyens invincibles et les hommes qui les avaient créés. Fort au-dessous de ceux-ci étaient ceux qui disposaient d'elle. Ils étaient nourris du passé : ils n'ont su faire que du passé. L'occasion aussi est passée. Son histoire et ses traditions politiques ; ses querelles de villages, de clochers et de boutiques ; ses jalousies et rancunes de voisins ; et en somme le manque de vues, le petit esprit hérité de l'époque où elle était aussi ignorante et non plus puissante que les autres régions du globe, ont fait perdre à l'Europe cette immense occasion dont elle ne s'est même pas douté en temps utile qu'elle existât. Napoléon semble être le seul qui ait pressenti ce qui devait se produire et ce qui pourrait s'entreprendre. Il a pensé à l'échelle du monde actuel, n'a pas été compris, et l'a dit. Mais il venait trop tôt ; les temps n'étaient pas mûrs ; ses moyens étaient loin des nôtres. On s'est remis après lui à considérer les hectares du voisin et à raisonner sur l'instant.

Les misérables Européens ont mieux aimé jouer aux Armagnacs et aux Bourguignons, que de prendre sur toute la terre le grand rôle que les Romains surent prendre et tenir pendant des siècles dans le monde de leur temps. Leur nombre et leurs moyens n'étaient rien auprès des nôtres ; mais ils trouvaient dans les entrailles de leurs poulets plus d'idées justes et conséquentes que toutes nos sciences politiques n'en contiennent.

L'Europe sera punie de sa politique ; elle sera privée de vins et de bière et de liqueurs. Et d'autres choses...

L'Europe aspire visiblement à être gouvernée par une commission américaine. Toute sa politique s'y dirige.

Ne sachant nous défaire de notre histoire, nous en serons déchargés par des peuples heureux qui n'en ont point ou presque point. Ce sont des peuples heureux qui nous imposeront leur bonheur.

L'Europe s'était distinguée nettement de toutes les parties du monde. Non point par sa politique, mais malgré cette politique, et plutôt contre elle, elle avait développé à l'extrême la liberté de son esprit, combiné sa passion de comprendre à sa volonté de rigueur, inventé une curiosité précise et active, créé, par la recherche obstinée de résultats, *qui se pussent comparer exactement et ajouter les uns aux autres*, un capital de lois et de procédés très puissants. Sa politique, cependant, demeura telle quelle ; n'empruntant des richesses et des ressources singulières dont je viens de parler, que ce qu'il fallait pour fortifier cette politique primitive et lui donner des armes plus redoutables et plus barbares.

Il apparut donc un contraste, une différence, une étonnante discordance entre l'état du même esprit selon qu'il se livrait à son travail désintéressé, à sa conscience rigoureuse et critique, à sa profondeur sav-amment explorée, et son état quand il s'appliquait aux intérêts politiques. Il semblait réserver à sa politique ses productions les plus négligées, les plus négligeables et les plus viles : des instincts, des idoles, des souvenirs, des regrets, des convoitises, des sons sans signification et des significations vertigineuses... tout ce dont la science, ni les arts, ne voulaient pas, et même qu'ils ne pouvaient plus souffrir.

Toute politique implique (et généralement ignore qu'elle implique) une certaine idée de l'homme, et même une opinion sur le destin de l'espèce, toute une métaphysique qui va du sensualisme le plus brut jusqu'à la mystique la plus osée.

Supposez quelquefois que l'on vous remette le pouvoir sans réserves. Vous êtes honnête homme, et votre ferme propos est de faire de votre mieux. Votre tête est solide ; votre esprit peut contempler distinctement les choses, se les représenter dans leurs rapports ; et enfin, vous êtes détaché de vous-même, vous êtes placé dans une situation si élevée et si puissamment intéressante que les propres intérêts de votre personne en sont nuls ou insipides au prix de ce qui est devant vous et du possible qui est à vous. Même, vous n'êtes pas troublé par ce qui troublerait tout autre, par l'idée de l'attente qui est dans tous, et vous n'êtes intimidé ni accablé par l'espoir que l'on met en vous.

Eh bien ! qu'allez-vous faire ? — Qu'allez-vous faire AUJOURD'HUI ?

Il y a des victoires *per se* et des victoires *per accidens*.

La paix est une victoire virtuelle, muette, continue, des forces possibles contre les convoitises probables.

Il n'y aurait de paix véritable que si tout le monde était satisfait. C'est dire qu'il n'y a pas souvent de paix véritable. Il n'y a que des paix réelles, qui ne sont comme les guerres que des expédients.

Les seuls traités qui compteraient sont ceux qui se concluraient entre les arrière-pensées.

Tout ce qui est avouable est comme destitué de tout avenir.

On se flatte d'imposer sa volonté à l'adversaire. Il arrive qu'on y parvienne. Mais ce peut être une néfaste volonté. Rien ne me paraît plus difficile que de déterminer les vrais intérêts d'une nation, qu'il ne faut pas confondre avec ses vœux. L'accomplissement de nos désirs ne nous éloigne pas toujours de notre perte.

Une guerre dont l'issue n'a été due qu'à l'inégalité sur le champ de bataille, et ne représente donc pas l'inégalité des puissances totales des adversaires, est une guerre suspendue.

Les actes de quelques hommes ont pour des millions d'hommes des conséquences comparables à celles qui résultent pour tous les vivants des perturbations et des variations de leur milieu. Comme des causes naturelles produisent la grêle, le typhon, l'arc-en-ciel, les épidémies, ainsi des causes intelligentes agissent sur des millions d'hommes dont l'immense majorité les subit comme elle subit les caprices du ciel, de la mer, de l'écorce terrestre. L'intelligence et la volonté affectant les masses en tant que causes physiques et aveugles — c'est ce qu'on nomme *Politique*.

Des nations.

Ce n'est jamais chose facile que de se représenter nettement ce qu'on nomme une *nation*. Les traits les plus simples et les plus forts échappent aux gens du pays qui sont insensibles à ce qu'ils ont toujours vu. L'étranger qui les perçoit, les perçoit trop puissamment, et ne ressent pas cette quantité de correspondances intimes et de réciprocités invisibles par quoi s'accomplit le mystère de l'union profonde de millions d'hommes.

Il y a donc deux grandes manières de se tromper au sujet d'une nation donnée.

D'ailleurs l'idée même de *nation en général* ne se laisse pas capturer aisément. L'esprit s'égare entre les aspects très divers de cette idée ; il hésite entre des modes très différents de définition. A peine a-t-il cru trouver une formule qui le contente, elle-même aussitôt lui suggère quelque cas particulier qu'elle a oublié d'enfermer.

Cette idée nous est aussi familière dans l'usage et présente dans le sentiment qu'elle est complexe ou indéterminée devant la réflexion. Mais il en est ainsi de tous les mots de grande importance. Nous parlons facilement *du droit,* de la *race,* de la propriété. Mais qu'est-ce que le droit, que la race, que la propriété ? Nous *le savons et ne le savons pas !*

Ainsi toutes ces notions puissantes, à la fois abstraites et vitales, et d'une vie parfois si intense et si impérieuse en nous, tous ces termes qui composent dans les esprits des peuples et des hommes d'État, les pensées, les projets, les raisonnements, les décisions auxquels sont suspendus les destins, la prospérité ou la ruine, la vie ou la mort des humains, sont des symboles vagues et impurs à la réflexion... Et les hommes toutefois quand ils se servent entre eux de ces indéfinissables, se comprennent l'un l'autre fort bien. Ces notions sont donc nettes et suffisantes de l'un à l'autre ; obscures et comme infiniment divergentes dans chacun pris à part.

Les nations sont étranges les unes aux autres, comme le sont des êtres de caractères, d'âges, de croyances, de mœurs et de besoins différents. Elles se regardent entre elles curieusement et anxieusement ; sourient ; font la moue ; admirent un détail et l'imitent ; méprisent l'ensemble ; sont mordues de jalousie ou dilatées par le dédain. Si sincère que puisse être quelquefois leur désir de s'entretenir et de se comprendre, l'entretien s'obscurcit et cesse toujours à un certain point. Il y a je ne sais quelles limites infranchissables à sa profondeur et à sa durée.

Plus d'une est intimement convaincue qu'elle est en soi et par soi la nation par excellence, l'élue de l'avenir infini, et la seule à pouvoir prétendre, quels que soient son état du moment, sa misère ou sa faiblesse, au développement suprême des virtualités qu'elle s'attribue. Chacune a des arguments dans le passé ou dans le possible ; aucune n'aime à considérer ses malheurs comme ses enfants légitimes.

Suivant qu'elles se comparent aux autres sous les rapports ou de l'étendue ou du nombre, ou du progrès matériel, ou des mœurs, ou des libertés, ou de l'ordre public, ou bien de la culture et des œuvres de l'esprit — ou bien même des souvenirs et des espérances, — les nations se trouvent nécessairement des motifs de se préférer. Dans la partie perpétuelle qu'elles jouent, chacune d'elles tient ses cartes. Mais il en est de ces cartes qui sont réelles et d'autres imaginaires. Il est des nations qui n'ont en mains que des atouts du moyen âge, ou de l'antiquité, des valeurs mortes et vénérables ; d'autres comptent leurs beaux-arts, leurs sites, leurs musiques locales, leurs grâces ou leur noble histoire, qu'elles jettent sur le tapis au milieu des vrais *trèfles* et des vrais *piques*.

Toutes les nations ont des raisons présentes, ou passées, ou futures de se croire incomparables. Et d'ailleurs, elles le sont. Ce n'est pas une des moindres difficultés de la politique spéculative que cette impossibilité de comparer ces grandes entités *qui ne se touchent et ne s'affectent l'une l'autre que par leurs caractères et leurs moyens extérieurs*. Mais le fait essentiel qui les constitue, leur principe d'existence, le lien interne qui enchaîne entre eux les individus d'un peuple, et les générations entre elles, n'est pas, dans les diverses nations, de la même nature. Tantôt la race, tantôt la langue, tantôt le territoire, tantôt les souvenirs, tantôt les intérêts, instituent diversement l'unité nationale d'une agglomération humaine organisée. La cause profonde de tel groupement peut être d'espèce toute différente de la cause de tel autre.

Il faut rappeler aux nations croissantes qu'il n'y a point d'arbre dans la nature qui, placé dans les meilleures conditions de lumière, de sol et de terrain, puisse grandir et s'élargir indéfiniment.

DE L'HISTOIRE

L'Histoire est le produit le plus dangereux que la chimie de l'intellect ait élaboré. Ses propriétés sont bien connues. Il fait rêver, il enivre les peuples, leur engendre de faux souvenirs, exagère leurs réflexes, entretient leurs vieilles plaies, les tourmente dans leur repos, les conduit au délire des grandeurs ou à celui de la persécution, et rend les nations amères, superbes, insupportables et vaines.

L'Histoire justifie ce que l'on veut. Elle n'enseigne rigoureusement rien, car elle contient tout, et donne des exemples de tout.

Que de livres furent écrits qui se nommaient : *La Leçon de Ceci, Les Enseignements de Cela !* ... Rien de plus ridicule à lire après les événements qui ont suivi les événements que ces livres interprétaient dans le sens de l'avenir.

Dans l'état actuel du monde, le danger de se laisser séduire à l'Histoire est plus grand que jamais il ne fut.

Les phénomènes politiques de notre époque s'accompagnent et se compliquent d'un *changement d'échelle* sans exemple, ou plutôt d'un *changement d'ordre des choses*. Le monde auquel nous commençons d'appartenir, hommes et nations, n'est pas une *figure semblable* du monde qui nous était familier. Le système des causes qui commande le sort de chacun de nous, s'étendant désormais à la totalité du globe, le fait résonner tout entier à chaque ébranlement ; il n'y a plus de questions locales, il n'y a plus de questions finies pour être finies sur un point.

L'Histoire, telle qu'on la concevait jadis, se présentait comme un ensemble de tables chronologiques parallèles, entre lesquelles quelquefois des transversales accidentelles étaient çà et là indiquées. Quelques essais de synchronisme n'avaient pas donné de résultats, si ce n'est une sorte de démonstration de leur inutilité. Ce qui se passait à Pékin du temps de César, ce qui se passait au Zambèze du temps de Napoléon, se passait dans une autre planète. Mais l'histoire *mélodique* n'est plus possible. Tous les thèmes politiques sont enchevêtrés, et chaque événement qui vient à se produire prend aussitôt une pluralité de significations simultanées et inséparables.

La politique d'un Richelieu ou d'un Bismarck se perd et perd son sens dans ce nouveau milieu. Les notions dont ils se servaient dans leurs desseins, les objets qu'ils pouvaient proposer à l'ambition de leurs peuples, les forces qui figuraient dans leurs calculs, tout ceci devient peu de chose. La grande affaire des politiques était, elle est encore pour quelques-uns, *d'acquérir un territoire*. On y employait la contrainte, on enlevait à quelqu'un cette terre désirée, et tout était dit. Mais qui ne voit que ces entreprises qui se limitaient à un colloque, suivi d'un duel, suivi d'un pacte, entraîneront dans l'avenir de telles généralisations inévitables que *rien ne se fera plus que le monde entier ne s'en mêle*, et que l'on ne pourra jamais prévoir ni circonscrire les suites *presque immédiates* ce qu'on aura engagé.

Tout le génie des grands gouvernements du passé se trouve exténué, rendu impuissant et même *inutilisable* par l'agrandissement et l'accroissement de connexions du champ des phénomènes politiques ; car il n'est point de génie, point de vigueur du caractère et de l'intellect, point de traditions même britanniques qui puissent désormais se flatter de contrarier ou de modifier à leur guise l'état et les réactions d'un univers humain auquel l'ancienne *géométrie historique* et l'ancienne *mécanique politique* ne conviennent plus du tout.

L'Europe me fait songer à un objet qui se trouverait brusquement transposé dans un espace plus complexe, où tous les caractères qu'on lui connaissait, et qui demeurent en apparence les mêmes, se trouvent soumis à des *liaisons* toutes différentes. En particulier, les prévisions que l'on pouvait faire, les calculs traditionnels sont devenus plus vains que jamais ne l'ont été.

Les suites de la guerre récente nous font voir des événements qui jadis eussent déterminé pour un long temps et *dans le sens de leur décision*, la physionomie et la marche de la politique générale, être en quelques années, par suite du nombre des parties, de l'élargissement du théâtre, de la complication des intérêts, comme vidés de leur énergie, amortis ou contredits par leurs conséquences immédiates.

Il faut s'attendre que de telles transformations deviennent la règle. Plus nous irons, moins les effets seront simples, moins ils seront prévisibles, moins les opérations politiques et même les interventions de la force, en un mot l'action évidente et directe, seront ce que l'on aura compté qu'ils seraient. *Les grandeurs, les superficies, les masses en présence, leurs connexions, l'impossibilité de localiser, la promptitude des répercussions imposeront de plus en plus une politique bien différente de l'actuelle.*

Les effets devenant si rapidement incalculables par leurs causes, et même antagonistes de leurs causes, peut-être trouvera-t-on puéril, dangereux, insensé désormais, de *chercher* l'événement, d'essayer de le produire, ou d'empêcher sa production ; peut-être l'esprit politique cessera-t-il de *penser par événements,* habitude essentiellement due à l'histoire et entretenue par elle. Ce n'est point qu'il n'y aura plus d'événements et de *moments monumentaux* dans la durée ; il y en aura d'immenses ! Mais ceux dont c'est la fonction que de les attendre, de les préparer ou d'y parer, apprendront nécessairement de plus en plus à se défier de leurs suites. Il suffira plus de réunir le désir et la puissance pour s'engager dans une entreprise. Rien n'a été plus ruiné par la dernière guerre que la prétention de prévoir. Mais les connaissances historiques ne manquaient point, il me semble ?

RÉFLEXIONS MÊLÉES

J'ai observé une chose grave, qui est que tous les grands hommes qui nous ont entretenu des grandes *gestes* qu'ils accomplirent finissaient tous par nous renvoyer au *bon sens*.

Je ne suis pas à mon aise quand on me parle du bon sens. Je crois en avoir, car qui consentirait qu'il n'en a pas ? Qui pourrait vivre un moment de plus, s'en étant trouvé dépourvu ? Si donc on me l'oppose, je me trouble, je me tourne vers celui qui est en moi, et qui en manque, et qui s'en moque, et qui prétend que le bon sens est la faculté que nous eûmes jadis de nier et de réfuter brillamment l'existence prétendue des antipodes ; ce qu'il fait encore aujourd'hui, quand il cherche et qu'il trouve dans l'histoire d'hier les moyens de ne rien comprendre à ce qui se passera demain.

Il ajoute que ce bon sens est une intuition toute locale qui dérive d'expériences non précises ni soignées, qui se mélange d'une logique et d'analogies assez impures pour être universelles. La religion ne l'admet pas dans ses dogmes. Les sciences chaque jour l'ahurissent, le bouleversent, le mystifient.

Ce critique du bon sens ajoute qu'il n'y a pas de quoi se vanter d'être *la chose du monde la plus répandue*.

Mais je lui réponds que rien toutefois ne peut retirer au *bon sens* cette grande utilité qu'il a dans les disputes sur les choses vagues, où il n'est pas d'argument plus puissant sur le public que de l'invoquer pour soi, de proclamer que les autres déraisonnent, et que ce bien si précieux pour être commun réside tout en celui qui parle.

C'est ainsi que l'on met avec soi tous ceux qui méritent d'y être, et qui sont ceux qui croient ce qu'ils lisent.

Napoléon disait qu'à la guerre, presque tout est de bon sens, ce qui est une parole généreuse dans la bouche d'un homme de génie.

Cette parole est remarquable. L'empereur, parmi ses grands dons, avait celui de discerner merveilleusement laquelle de ses facultés il fallait exciter, laquelle il fallait amortir selon l'occasion ; même le sommeil était à ses ordres.

Quand il dit ce que j'ai rapporté sur le bon sens, il sépare (comme il se doit) le travail du loisir et de la méditation, de ce travail instantané qui s'opère au milieu des événements, sous la pression du temps, et sous le bombardement des nouvelles. Alors point de délais, point de reprises, l'expédient est la règle, — et le *bon sens* est par hypothèse le sens de bien choisir parmi les expédients.

Je consens donc sans difficulté que ceux qui agissent en politique, c'est-àdire qui se dépensent à acquérir ou à conserver quelque parcelle de pouvoir, ne se perdent pas à peser les notions dont ils se servent et dont leurs esprits furent munis une fois pour toutes ; je sais bien qu'ils doivent, par nécessité de leur état, travailler sur une image du monde assez grossière, puisqu'elle est et doit être du même ordre de précision, de la même étendue, de la même simplicité de connexion dont la moyenne des esprits se satisfait, cette moyenne étant le principal *suppôt* de toute politique. Pas plus que l'homme d'action, l'*opinion* n'a le temps ni les moyens d'approfondir.

Cette image du monde qui est assez grossière pour être utile flotte dans l'air, dans nos esprits, dans les cafés, dans les Parlements et les chancelleries, dans les journaux, c'est-à-dire partout, et se dégage des études et des livres. Mais si générale et si présente qu'elle soit, il est remarquable qu'elle se raccorde fort mal avec la petite portion du monde réel où vit chacun de nous. Je veux dire que par notre expérience personnelle et immédiate, nous ne pourrions en général reconstituer le système de ce vaste monde politique dont les mouvements, toutefois, les perturbations, les pressions et tensions viennent modifier plus ou moins profondément, directement, soudainement le petit espace qui nous contient, et les formes de vie que nous y vivons et y voyons vivre. Or, le monde réel des humains est fait de pareils éléments variables à chaque instant, dont il n'est que la somme.

Il faut donc reconnaître l'existence d'un monde politique, qui est un « autre monde », qui, agissant en tout lieu, n'est observable nulle part, et qui occupe une quantité d'esprits de toute grandeur, est, par conséquence, réductible à un *ensemble de conventions* entre tous ces esprits.

La politique se résout ainsi en des combinaisons d'entités conventionnelles qui, s'étant formées on ne sait comment, s'échangent entre les hommes, et produisent des effets dont l'étendue et les retentissements sont incalculables.

Tout développement de la vie en société est un développement de la vie de relation, qui est cette vie combinée des organes des sens et des organes du mouvement, par quoi s'institue le système de signaux et de relais que les tâtonnements, l'expérience et l'imitation précisent et fixent.

Une convention n'est autre chose qu'une application de cette propriété si remarquable. Le langage est une convention, comme toute correspondance entre des actes et des perceptions qui pourrait être substituée par une autre est une convention par rapport à l'ensemble de toutes ces possibilités.

Mais toutes les conventions ne sont pas également heureuses, ni également simples, ni également aisées à instituer. Ce qui importe le plus, c'est qu'une convention soit uniforme, c'est-à-dire non équivoque. Cette condition est assez facile à satisfaire quand l'objet de la convention est sensible, quand on attache un signe à un corps, ou à une qualité d'un corps, ou à un acte. Mais en ce qui concerne les états intérieurs et les produits des conventions simples composées entre elles, l'uniformité des conventions est presque toujours impossible à concevoir et, dans le reste des cas, elle est laborieuse et délicate à instituer. Il y faut d'extrêmes précautions et parfois une subtilité incroyable.

Ces égards particuliers ne se trouvent pas et ne peuvent se trouver dans la pratique, comme je l'ai dit plus haut. La pratique accepte et manœuvre ce qui est.

Une pratique cependant, si ancienne, et si profondément accoutumée soit-elle dans les esprits que la plupart ne puissent la considérer différente, n'a d'autre justification à nous offrir que ses résultats. Elle peut s'excuser sur l'excellence de ses résultats, s'il arrive qu'elle déçoit l'examen que l'intellect lui fait subir. Si tout va bien, la logique importe peu, la raison et même la probabilité peuvent être négligées. L'arbre se connaît à ses fruits.

Mais si les fruits sont amers, si une pratique immémoriale n'a cessé d'être malheureuse ; si les prévisions qu'elle fait sont toujours déçues, si on la voit recommencer avec une obstination animale les mêmes entreprises que l'événement a cent fois condamnées, alors il est permis d'examiner le système conventionnel qui est nécessairement le lien et l'excitateur de ses actes.

HYPOTHÈSE

Désormais, quand une bataille se livrera en quelque lieu du monde, rien ne sera plus simple que d'en faire entendre le canon à toute la terre. Les tonnerres de Verdun seraient reçus aux antipodes.

On pourra même apercevoir quelque chose des combats, et des hommes tomber à six mille milles de soi-même, trois centièmes de seconde après le coup.

Mais sans doute des moyens un peu plus puissants, un peu plus subtils permettront quelque jour d'agir à distance non plus seulement sur les sens des vivants, mais encore sur les éléments plus cachés de la personne psychique. Un inconnu, un opérateur éloigné, excitant les sources mêmes et les systèmes de vie mentale et affective, imposera aux esprits des illusions, des impulsions, des désirs, des égarements artificiels. Nous considérions jusqu'ici nos pensées et nos pouvoirs conscients comme émanés d'une origine simple et constante, et nous concevions, attaché jusqu'à la mort à chaque organisme, un certain *indivisible*, autonome, incomparable, et pour quelques-uns, éternel. Il semblait que notre substance la plus profonde, ce fût une *activité* absolue, et qu'il résidât en chacun de nous je ne sais quel pouvoir initial — quel *quantum* d'indépendance pure. Mais nous sommes dans une époque prodigieuse où les idées les plus accréditées et qui semblaient le plus incontestables se sont vues attaquées, contredites, surprises et dissociées par les faits, — à ce point que nous assistons à présent à une sorte de faillite de l'imagination et de déchéance de l'entendement, incapables que nous sommes de nous former une représentation homogène du monde qui comprenne toutes les données anciennes et nouvelles de l'expérience.

Cet état me permet de m'aventurer à concevoir que l'on puisse de l'extérieur modifier directement ce qui fut l'âme et fut l'esprit de l'homme.

Peut-être notre substance secrète n'est secrète que pour certaines actions du dehors, et n'est-elle que partiellement défendue contre les influences extérieures. Le bois est opaque pour la lumière que voient nos yeux, il ne l'est pas pour des rayons plus aigus. Ces rayons découverts, notre idée de la transparence en est toute changée. Il y a des exemples si nombreux de ces transformations de nos idées et de nos attentes que je me risque à penser ceci : on estimera un jour que l'expression « *Vie intérieure* » n'était relative qu'à des moyens de *production et de réception... classiques*, — *naturels*, si l'on veut.

Notre « MOI », peut-être, est-il isolé du milieu, préservé d'être *Tout*, ou d'être *N'importe quoi*, à peu près comme l'est dans mon gousset le mouvement de ma montre ?

Je suppose — je *crois* — qu'elle *conserve le temps*, en dépit de mes allées et venues, de mes attitudes, de ma vitesse et des circonstances innombrables et insensibles qui m'environnent. Mais cette indifférence à l'égard du reste des choses, cette uniformité de son fonctionnement n'existent que pour une observation qui ne perçoit pas ce même reste des choses, qui est donc particulière et superficielle. Qui sait s'il n'en est pas de même de notre *identité ?* Nous avons beau invoquer notre mémoire ; elle nous donne bien plus de témoignages de notre variation que de notre permanence. Mais nous ne pouvons à chaque instant que nous reconnaître et que reconnaître comme *nôtres* les productions immédiates de la vie mentale. *Nôtre* est ce qui nous vient d'une certaine manière qu'il suffirait de savoir reproduire, ou emprunter, ou solliciter par quelque artifice, pour nous donner le change sur nous-mêmes et nous insinuer des sentiments, des pensées et des volontés indiscernables des nôtres ; qui seraient, par leur mode d'introduction, du même ordre d'intimité, de la même spontanéité, du même naturel et personnel irréfutables que nos affections normales et qui seraient toutefois d'origine tout étrangère. Comme le chronomètre placé dans un champ magnétique, ou soumis à un déplacement rapide, change d'allure sans que l'observateur qui ne voit que lui s'en puisse aviser, ainsi des troubles et des modifications quelconques pourraient être infligés à la conscience la plus consciente par des interventions à distance impossibles à déceler.

Ce serait là faire en quelque sorte la *synthèse de la possession*.

La musique parfois donne une idée grossière, un modèle primitif de cette manœuvre des systèmes nerveux. Elle éveille et rendort les sentiments, se joue des souvenirs et des émotions dont elle irrite, mélange, lie et délie les secrètes commandes. Mais ce qu'elle ne fait que par l'intermédiaire sensible, par des sensations qui nous désignent une cause physique et une origine nettement séparée, il n'est pas impossible qu'on puisse le produire avec une puissance invincible et méconnaissable, en *induisant* directement les circuits les plus intimes de la vie. C'est en somme un problème de physique. L'action des sons et particulièrement de leurs timbres, et parmi eux les timbres de la voix, — l'action extraordinaire de la voix est un facteur historique d'importance — fait pressentir les effets de vibrations plus subtiles accordées aux résonances des éléments nerveux profonds. Nous savons bien, d'autre part, qu'il est des chemins sans défense pour atteindre aux châteaux de l'âme, y pénétrer et s'en rendre maîtres. Il est des substances qui s'y glissent et s'en emparent. Ce que peut la chimie, la physique des ondes le rejoindra selon ses moyens.

On sait ce qu'ont obtenu des humains les puissants orateurs, les fondateurs de religions, les conducteurs de peuples. L'analyse de leurs moyens, la considération des développements récents des actions à distance suggèrent aisément des rêveries comme celle-ci. Je ne fais qu'aller à peine un peu plus loin que ce qui est. Imagine-t-on ce que serait un monde où le pouvoir de faire vivre plus vite ou plus lentement les hommes, de leur communiquer des tendances, de les faire frémir ou sourire, d'abattre ou de surexciter leurs courages, d'arrêter au besoin les cœurs de tout un peuple, serait connu, défini, exercé ! … Que deviendraient alors les prétentions du Moi ? Les hommes douteraient à chaque instant s'ils seraient sources d'eux-mêmes ou bien des marionnettes jusque dans le profond du sentiment de leur existence.

Ne peuvent-ils déjà éprouver quelquefois ce malaise ? Notre vie en tant qu'elle dépend de ce qui vient à l'esprit, qui semble venir de l'esprit et s'imposer à elle après s'être imposée à lui, n'est-elle pas commandée par une quantité énorme et désordonnée de *conventions* dont la plupart sont implicites ? Nous serions bien en peine de les exprimer et de les expliquer. La société, les langages, les lois, les « mœurs », les arts, la politique, tout ce qui est fiduciaire dans le monde, tout effet inégal à sa cause exige des conventions, c'est-à-dire des relais, — par le détour desquels une réalité seconde s'installe, se compose avec la réalité sensible et instantanée, la recouvre, la domine, — se déchire parfois pour laisser apparaître l'effrayante simplicité de la vie élémentaire. Dans nos désirs, dans nos regrets, dans nos recherches, dans nos émotions et passions, et jusque dans l'effort que nous faisons pour nous connaître, nous sommes le jouet de choses absentes, — qui n'ont même pas besoin d'exister pour agir.

POLITIQUE

Des partis

Il n'est de parti qui n'ait enragé contre la patrie.

Ce sur quoi nul parti ne s'explique.
    Chacun a ses ombres particulières — ses réserves —
    Ses caves de cadavres et de songes inavouables —
    Ses trésors de choses irréfléchies et d'étourderies.
    Ce qu'il a oublié dans ses vues, et ce qu'il veut faire oublier.

...Ils retirent pour subsister ce qu'ils promettaient pour exister.
    Ils se valent au pouvoir ; ils se valent hors du pouvoir.

Il ne faut pas hésiter à faire ce qui détache de vous la moitié de vos partisans et qui triple l'amour du reste.

Ce qui plaît à tel dans son parti politique, c'est le vague de l'idéal. Et à tel autre dans le sien, c'est le précis des objets prochains.

Comme on voit communément des anarchistes dans les partis de l'ordre et des organisateurs dans l'anarchie, je suggère un reclassement. Chacun se classerait dans le parti de ses dons.

    Il y a des créateurs, des conservateurs et des destructeurs par tempérament. Chaque individu serait mis dans son véritable parti, qui n'est point celui de ses paroles, ni de ses vœux, mais celui de son être et de ses modes d'agir et de réagir.

Toute politique se fonde sur l'indifférence de la plupart des intéressés, sans laquelle il n'y a point de politique possible.

La politique fut d'abord l'art d'empêcher les gens de se mêler de ce qui les regarde.

    A une époque suivante, on y adjoignit l'art de contraindre les gens à décider sur ce qu'ils n'entendent pas.

    Ce deuxième principe se combine avec le premier.

Parmi leurs combinaisons, celle-ci : Il y a des *secrets d'État* dans des pays de suffrage universel. Combinaison nécessaire et, en somme, viable ; mais qui engendre quelquefois de grands orages, et qui oblige les gouvernements à manœuvrer sans répit. Le pouvoir est toujours contraint de naviguer contre mon principe. Il gouverne au *plus près* contre le principe, dans la direction du pouvoir absolu.

Tout état social exige des fictions.

Dans les uns, on convient de l'inégalité des citoyens. Les autres stipulent et organisent l'inégalité.

Ce sont là les conventions qu'il faut pour commencer le jeu. L'une ou l'autre posée, le jeu commence, qui consiste nécessairement dans une action de sens inverse de la part des individus.

Dans une société d'égaux, l'individu agit contre l'égalité. Dans une société d'inégaux, le plus grand nombre travaille contre l'inégalité.

Le résultat des luttes politiques est de troubler, de falsifier dans les esprits la notion de l'ordre d'importance des « questions » et de l'ordre d'urgence.

Ce qui est vital est masqué par ce qui est de simple bien être. Ce qui est d'avenir par l'immédiat. Ce qui est très nécessaire par ce qui est très sensible. Ce qui est profond et lent par ce qui est excitant.

Tout ce qui est de la *politique pratique* est nécessairement *superficiel*.

L'historien fait pour le passé ce que la tireuse de cartes fait pour le futur. Mais la sorcière s'expose à une vérification et non l'historien.

On ne peut « faire de politique » sans se prononcer sur des questions que nul homme sensé ne peut dire qu'il connaisse. Il faut être infiniment sot ou infiniment ignorant pour oser avoir un avis sur la plupart des problèmes que la politique pose.

Les opinions opposées au sujet de la guerre peuvent se ramener simplement à l'incertitude d'une époque — la nôtre — sur cette question : *quels sont les groupements qui doivent se faire la guerre ?*

Races, classes, nations, ou autres systèmes à découvrir ?

Car on a découvert la classe, la nation, la race comme on a découvert des nébuleuses.

Comme on a découvert que la Terre faisait partie d'un certain système, et celui-ci de la Voie Lactée, ainsi a-t-on découvert qu'un tel était *ceci* par sa naissance et *cela* par ses moyens d'existence ; et il lui appartient de choisir ou de s'embarrasser s'il suivra sa nation, ou sa classe, ou sa secte, — ou sa nature.

La violence, la guerre ont pour ambition de trancher en un petit temps, et par la dissipation brusque des énergies, des difficultés qui demanderaient l'analyse la plus fine et des essais très délicats, — car il faut arriver à un état d'équilibre sans contraintes.

Quand l'adversaire exagère nos forces, nos desseins, notre profondeur ; quand, pour exciter contre nous, il nous peint sous des couleurs effrayantes, — il travaille pour nous.

L'existence des voisins est la seule défense des nations contre une perpétuelle guerre civile.

Le loup dépend de l'agneau qui dépend de l'herbe.
    L'herbe est relativement défendue par le loup. Le carnivore protège les herbes (qui le nourrissent indirectement).

Entre vieux loups, la bataille est plus âpre, plus savante, mais il y a certains ménagements.

L'essentiel en toute chose est toujours accompli par des êtres très obscurs, non distincts, et sans valeur chacun. S'ils n'étaient pas, s'ils n'étaient pas tels, rien ne se ferait. Si rien ne se faisait, c'est eux qui perdraient le moins. Essentiels et sans importance.

Les grands événements ne sont peut-être tels que pour les petits esprits.
    Pour les esprits plus attentifs, ce sont les événements insensibles et continuels qui comptent.

Les événements naissent de père inconnu. La nécessité n'est que leur mère.

Le droit est l'intermède des forces.

Le jugement le plus *pessimiste* sur l'homme, et les choses, et la vie et sa valeur, s'accorde merveilleusement avec l'*action* et l'*optimisme* qu'elle exige. — Ceci est européen.

INTRODUCTION AUX IMAGES DE LA FRANCE

Il n'est pas de nation plus ouverte, ni sans doute de plus mystérieuse que la française ; point de nation plus aisée à observer et à croire connaître du premier coup. On s'avise par la suite qu'il n'en est point de plus difficile à prévoir dans ses mouvements, de plus capable de reprises et de retournements inattendus. Son histoire offre un tableau de situations extrêmes, une chaîne de cimes et d'abîmes plus nombreux et plus rapprochés dans le temps que toute autre histoire n'en montre. A la lueur même de tant d'orages, la réflexion peu à peu fait apparaître une idée qui exprime assez exactement ce que l'observation vient de suggérer : on dirait que ce pays soit voué par sa nature et par sa structure à réaliser dans l'espace et dans l'histoire combinés, une sorte de *figure d'équilibre*, douée d'une étrange stabilité, autour de laquelle les événements, les vicissitudes inévitables et inséparables de toute vie, les explosions intérieures, les séismes politiques extérieurs, les orages venus du dehors, le font osciller plus d'une fois par siècle depuis des siècles. La France s'élève, chancelle, tombe, se relève, se restreint, reprend sa grandeur, se déchire, se concentre, montrant tour à tour la fierté, la résignation, l'insouciance, l'ardeur, et se distinguant entre les nations par un caractère curieusement personnel.

Cette nation nerveuse et pleine de contrastes trouve dans ses contrastes des ressources tout imprévues. Le secret de sa prodigieuse résistance gît peut-être dans les grandes et multiples différences qu'elle combine en soi. Chez les Français, la légèreté apparente du caractère s'accompagne d'une endurance et d'une élasticité singulières. La facilité générale et l'aménité des rapports se joignent chez eux à un sentiment critique redoutable et toujours éveillé. Peut-être la France est-elle le seul pays où le ridicule ait joué un rôle historique ; il a miné, détruit quelques régimes, et il y suffit d'un « mot », d'un trait heureux (et parfois trop heureux), pour ruiner dans l'esprit public, en quelques instants, des puissances et des situations considérables. On observe d'ailleurs chez les Français une certaine indiscipline naturelle qui le cède toujours à l'évidence de la nécessité d'une discipline, Il arrive qu'on trouve la nation brusquement unie quand on pouvait s'attendre à la trouver divisée.

On le voit, la nation française est particulièrement difficile à définir d'une façon simple ; et c'est là même un élément assez important de sa « définition » que cette propriété d'être difficile à définir. On ne peut la caractériser par une collection d'attributs non contradictoires. J'essaierai tout à l'heure d'en faire sentir la raison. Mais qu'il s'agisse de la France ou de toute autre personne politique du même ordre, ce n'est jamais chose facile que de se représenter nettement ce qu'ou nomme *une nation*. Les traits les plus simples et les plus gros d'une nation échappent aux gens du pays, qui sont insensibles à ce qu'ils ont toujours vu. L'étranger qui les perçoit, les perçoit trop fortement, et ne ressent pas cette quantité de caractères intimes et de réalités invisibles par quoi s'accomplit le mystère de l'union profonde de millions d'hommes.

Il y a donc deux grandes manières de se tromper au sujet d'une nation donnée.

Entre une terre et le peuple qui l'habite, entre l'homme et l'étendue, la figure, le relief, le régime des eaux, le climat, la faune, la flore, la substance du sol, se forment peu à peu des relations réciproques qui sont d'autant plus nombreuses et entremêlées que le peuple est fixé depuis plus longtemps sur le pays.

Si ce peuple est composite, s'il fut formé d'apports successifs au cours des âges, les combinaisons se multiplient.

Au regard de l'observateur, ces rapports réciproques entre la terre mère ou nourrice et la vie organisée qu'elle supporte et alimente, ne sont pas également apparents. Car les uns consistent dans les modifications diverses que la vie humaine fait subir à un territoire ; les autres dans la modification des vivants par leur habitat ; et tandis que l'action de l'homme sur son domaine est généralement visible et lisible sur la terre, au contraire, l'action inverse est presque toujours impossible à isoler et à définir exactement. L'homme exploite, défriche, ensemence, construit, déboise, fouille le sol, perce des monts, discipline les eaux, importe des espèces. On peut observer ou reconstituer les travaux accomplis, les cultures entreprises, l'altération de la nature. Mais les modifications de l'homme par sa résidence sont obscures comme elles sont certaines. Les effets du ciel, de l'eau, de l'air qu'on respire, des vents qui règnent, des choses que l'on mange, etc., sur l'être vivant, vont se ranger dans l'ordre des phénomènes physiologiques ou psychologiques, cependant que les effets des actes sont pour la plupart de l'ordre physique ou mécanique. Le plus grand nombre de nos opérations sur la nature demeurent reconnaissables ; l'artificiel en général tranche sur le naturel ; mais l'action de la nature ambiante sur nous est une action sur elle-même, elle se fond et se compose avec nous-mêmes. Tout ce qui agit sur un vivant et qui ne le supprime pas, produit une forme de vie, ou une variation de la vie plus ou moins stable.

On voit par ces remarques très simples que la connaissance d'un pays nous demande deux genres de recherches d'inégale difficulté. Ici, comme en bien d'autres matières, il se trouve que ce qui nous importerait le plus de connaître est aussi le plus difficile. Les mœurs, les idéaux, la politique, les produits de l'esprit sont les effets incalculables de causes infiniment enchevêtrées, où l'intelligence se perd au milieu de nombre de facteurs indépendants et de leurs combinaisons, où même la statistique est grossièrement incapable de nous servir. *Cette grande impuissance est fatale à l'espèce humaine ;* c'est elle, bien plus que les intérêts, qui oppose les nations les unes aux autres, et qui s'oppose à une organisation de l'ensemble des hommes sur le globe, entreprise jusqu'ici vainement tentée par l'esprit de conquête, par l'esprit religieux, par l'esprit révolutionnaire, chacun suivant sa nature.

L'homme n'en sait pas assez sur l'homme pour ne pas recourir aux *expédients*. Les solutions grossières, vaines ou désespérées, se proposent ou s'imposent au genre humain exactement comme aux individus, — *parce qu'ils ne savent pas...*

Voilà des propos assez abstraits, — dont quelques-uns de fort sombres, — pour ouvrir un recueil d'images. C'est que les images d'un pays, la vision d'une contrée nourrice d'un groupe humain, et théâtre et matière de ses actes, excite invinciblement en nous, comme un accompagnement continu, émouvant, impossible à ne pas entendre, toutes les voix d'un drame et d'un rêve d'une complexité et d'une profondeur illimitées, dans lequel nous sommes chacun personnellement engagés.

La terre de France est remarquable par la netteté de sa figure, par les différences de ses régions, par l'équilibre général de cette diversité de parties qui se conviennent, se groupent et se complètent assez bien.

Une sorte de proportion heureuse existe en ce pays entre l'étendue des plaines et celle des montagnes, entre la surface totale et le développement des côtes ; et sur les côtes mêmes entre les falaises, les roches, les plages qui bordent de calcaire, de granit ou de sables le rivage de la France sur trois mers. La France est le seul pays d'Europe qui possède trois fronts de mer bien distincts. Quant aux ressources de surface ou de fond, on peut dire que peu de choses essentielles à la vie manquent à la France. Il s'y trouve beaucoup de terres à céréales ; d'illustres coteaux pour la vigne ; l'excellente pierre à bâtir et le fer y abondent. Il y a moins de charbon qu'il n'en faudrait de nos jours. D'autre part, l'ère moderne a créé des besoins nouveaux et intenses (quoique accidentels et peut-être éphémères) auxquels ce pays ne peut subvenir ou suffire par soi seul.

Sur cette terre vit un peuple dont l'histoire consiste principalement dans le travail incessant de sa propre formation. Qu'il s'agisse de sa constitution ethnique, qu'il s'agisse de sa constitution psychologique, ce peuple est plus que tout autre une création de son domaine et l'œuvre séculaire d'une certaine donnée géographique. Il n'est point de peuple qui ait des relations plus étroites avec le lieu du monde qu'il habite. On ne peut l'imaginer se déplaçant en masse, émigrant en bloc sous d'autres cieux, se détachant de la figure de la France. On ne peut concevoir ce peuple français en faisant abstraction de son lieu, auquel il doit non seulement les caractères ordinaires d'adaptation que tous les peuples reçoivent à la longue des sites qu'ils habitent, mais encore ce que l'on pourrait nommer sa formule *de constitution,* et sa loi propre de conservation comme entité nationale.

Les Iles Britanniques, la France, l'Espagne terminent vers l'Ouest l'immense Europasie ; mais tandis que les premières par la mer, la dernière, par la masse des Pyrénées, sont bien séparées du reste de l'énorme continent, la France est largement ouverte et accessible par le Nord-Est. Elle offre, d'autre part, de nombreux points d'accostage sur ses vastes frontières maritimes.

Ces circonstances naturelles, jointes à la qualité générale du sol, à la modération du climat, ont eu la plus grande influence sur le peuplement du territoire. Quelle qu'ait été la population primitive du pays — je veux dire la population qui a vécu sur cette terre à partir de l'époque où sa physionomie physique actuelle s'est fixée dans ses grands traits, — cette population a été à bien des reprises modifiée, enrichie, appauvrie, reconstituée, refondue à toute époque par des apports et des accidents étonnamment variés ; elle a subi des invasions, des occupations, des infiltrations, des extinctions, des pertes et des gains incessants.

Le vent vivant des peuples, soufflant du Nord et de l'Est à intervalles intermittents, et avec des intensités variables, a porté vers l'Ouest, à travers les âges, des éléments ethniques très divers, qui, poussés successivement à la découverte des régions de l'extrême Occident de l'Europe, se sont enfin heurtés à des populations autochtones, ou déjà arrêtées par l'Océan et par les monts, et fixées. Ils ont trouvé devant eux des obstacles humains ou des barrières naturelles ; autour d'eux, un pays fertile et tempéré. Ces arrivants se sont établis, juxtaposés ou superposés aux groupes déjà installés, se faisant équilibre, se combinant peu à peu les uns aux autres, composant lentement leurs langues, leurs caractéristiques, leurs arts et leurs mœurs. Les immigrants ne vinrent pas seulement du Nord et de l'Est ; le Sud-Est et le Sud fournirent leurs contingents. Quelques Grecs par les rivages du Midi ; des effectifs romains assez faibles, sans doute, mais renouvelés pendant des siècles ; plus tard, des essaims de Mores — et de Sarrasins. Grecs ou Phéniciens, Latins et Sarrasins par le Sud, comme les Northmans par les côtes de la Manche et de l'Atlantique, ont pénétré dans le territoire par quantités assez peu considérables. Les masses les plus nombreuses furent vraisemblablement celles apportées par les courants de l'Est.

Quoi qu'il en soit, une carte où les mouvements de peuples seraient figurés comme le sont les déplacements aériens sur les cartes météorologiques, ferait apparaître le territoire français comme une aire où les courants humains se sont portés, mêlés, neutralisés et apaisés, par la fusion progressive et l'enchevêtrement de leurs tourbillons.

Le fait fondamental pour la formation de la France a donc été la présence et le mélange sur son territoire d'une quantité remarquable d'éléments ethniques différents. Toutes les nations d'Europe sont composées, et *il n'y a peut-être aucune dans laquelle une seule langue soit parlée*. Mais il n'en est, je crois, aucune dont la formule ethnique et linguistique soit aussi riche que celle de la France. Celle-ci a trouvé son individualité singulière dans le phénomène complexe des échanges internes, des alliances individuelles qui se sont produits en elle entre tant de sangs et de complexions différents. Les combinaisons de tant de facteurs indépendants, le dosage de tant d'hérédités expliquent dans les actes et les sentiments des Français bien des contradictions et cette remarquable valeur moyenne des individus. *A cause des sangs très disparates qu'elle a reçus, et dont elle a composé, en quelques siècles, une personnalité européenne si nette et si complète, productrice d'une culture et d'un esprit caractéristiques, la nation française fait songer à un arbre greffé plusieurs fois, de qui la qualité et la saveur de ses fruits résultent d'une heureuse alliance de sucs et de sèves très divers concourant à une même et indivisible existence.*

La même circonstance permet de comprendre la plupart des institutions et des organisations spécifiquement françaises, qui sont en général des productions ou des réactions souvent très énergiques du corps national en faveur de son unité. Le sens de cette unité vitale est extrême en France.

Si j'osais me laisser séduire aux rêveries qu'on décore du beau nom de philosophie historique, je me plairais peut-être à imaginer que tous les événements véritablement grands de cette histoire de la France furent, d'une part, les actions qui ont menacé, ou tendu à altérer un certain équilibre de races réalisé dans une certaine figure territoriale ; et, d'autre part, les réactions parfois si énergiques qui répondirent à ces atteintes, tendant à reconstituer l'équilibre.

Tantôt la nation semble faire effort pour atteindre ou reprendre sa composition « optima », celle qui est la plus favorable à ses échanges intérieurs et à sa vie pleine et complète ; et tantôt faire effort pour rejoindre l'unité que cette composition même lui impose. Dans les dissensions intérieures aiguës, c'est toujours le parti qui semble en possession de rétablir au plus tôt, et à tout prix, l'unité menacée, qui a toutes les chances de triompher. C'est pourquoi l'histoire dramatique de la France se résume mieux que toute autre en quelques grands noms, noms de *personnes*, noms de *familles*, noms d'*assemblées* , qui ont particulièrement et énergiquement représenté cette tendance essentielle aux moments critiques et dans les périodes de crise ou de réorganisation. Que l'on parlé des Capétiens, de Jeanne d'Arc, de Louis XI, d'Henri IV, de Richelieu, de la Convention ou de Napoléon, on désigne toujours une même chose, un symbole de l'identité et de l'unité nationales *en acte*.

Mais un autre nom me vient à l'esprit, comme je pense à tous ces noms représentatifs. C'est un nom de ville. Quel phénomène plus significatif et qui illustre mieux ce que je viens de dire, que l'énorme accroissement au cours des siècles de la prééminence de *Paris* ? Quoi de plus typique que cette attraction puissante et cette impulsion continuelle qu'il exerce comme un centre vital dont le rôle passe de beaucoup celui d'une capitale politique ou d'une ville de première grandeur ?

L'action certaine, visible et constante de Paris est de compenser par une concentration jalouse et intense les grandes différences régionales et individuelles de la France. L'augmentation du nombre des fonctions que Paris exerce dans la vie de la France depuis deux siècles correspond à un développement du besoin de coordination totale, et à la réunion assez récente de provinces plus lointaines à traditions plus hétérogènes. La Révolution a trouvé la France déjà centralisée au point de vue gouvernemental, et polarisée à l'égard de la Cour en ce qui concerne le goût et les mœurs. Cette centralisation n'intéressait guère directement que les classes dirigeantes et aisées. Mais à partir de la réunion des Assemblées révolutionnaires, et pendant les années critiques, un intense mouvement d'hommes et d'idées s'établit entre Paris et le reste de la France. Les affaires locales, les projets, les dénonciations, les individus les plus actifs ou les plus ambitieux, tout vient à Paris, tout y fermente ; et Paris à son tour inonde le pays de délégués, de décrets, de journaux, des produits de toutes les rencontres, de tous les événements, des passions et des discussions que tant de différences appelées à lui et heurtées en lui engendrent dans ses murs.

Je ne sais pourquoi les historiens en général ne soulignent pas ce grand fait que me représente la transformation de Paris en organe central de confrontation et de combinaison, organe non seulement politique et administratif, mais organe de jugement, d'élaboration et d'émission, et pôle directeur de la sensibilité générale du pays. Peut-être répugnent-ils à mettre au rang des événements un phénomène relativement lent et qu'on ne peut dater avec précision. Mais il faut quelquefois douer le regard historique des mêmes libertés à l'égard du temps et de l'espace que nous avons obtenues de nos instruments d'optique et de vues animées. Imaginez que vous perceviez en quelques instants ce qui s'est fait en quelques centaines d'années. Paris se former, grossir, ses liaisons avec tout le territoire se multiplier, s'enrichir : Paris devenir l'appareil indispensable d'une circulation généralisée ; sa nécessité et sa puissance fonctionnelle s'affirmer de plus en plus, croître avec la Révolution, avec l'Empire, avec le développement des voies ferrées, avec celui des télégraphes, de la presse et de ce qu'on pourrait nommer la *littérature intensive*... vous concevez alors Paris comme *événement*, — événement tout comparable à la création d'une institution d'importance capitale, et à tous les événements significatifs que l'histoire inscrit et médite.

Il n'y a pas d'événement plus significatif que celui-ci. J'ai dit à quoi il répond. C'est une production typique de la France, de la diversité extraordinaire de la France, que cette grande cité à qui toute une grande nation délègue tous ses pouvoirs spirituels, par qui elle fait élaborer les conventions fondamentales en matière de goûts et de mœurs, et qui lui sert d'intermédiaire ou d'interprète, et de représentant à l'égard du reste du monde, — comme elle sert au reste du monde à prendre une connaissance rapide, inexacte et délicieuse de l'ensemble de la France.

Les idées sur la France que je viens d'exposer, ou plutôt de proposer au lecteur à titre de pures approximations, me sont venues par une conséquence lointaine de remarques que j'ai faites, il y a fort longtemps, sur un sujet tout particulier.

La poésie a quelquefois occupé mon esprit ; et non seulement j'ai consumé quelques années de ma vie à composer divers poèmes ; mais encore, je me suis plu assez souvent à examiner dans leur généralité la nature et les moyens de cet art.

Or, en méditant sur les caractères physiques de la poésie, c'est-à-dire, sur ses rapports avec la musique, et en développant cette étude jusqu'à une comparaison des métriques et des prosodies de quelques peuples, on ne peut pas ne pas apercevoir un fait, qui pour être assez connu et très sensible, n'a pas été, je crois, suffisamment considéré et interrogé.

La poésie française diffère musicalement de toutes les autres, au point d'avoir été regardée parfois comme presque privée de bien des charmes et des ressources qui se trouvent en d'autres langues à la disposition des poètes. Je crois bien que c'est là une erreur ; mais cette erreur, comme il arrive fort souvent, est une déduction illégitime et subjective d'une observation exacte. C'est la langue elle-même qu'il fallait considérer pour en définir la singularité phonétique ; celle-ci bien déterminée, on pourrait chercher à se l'expliquer.

Trois caractères distinguent nettement le français des autres langues occidentales : le français, *bien parlé,* ne *chante* presque pas. C'est un discours de registre peu étendu, une parole *plus plane* que les autres. Ensuite : les consonnes en français sont remarquablement adoucies ; pas de figures rudes ou gutturales. Nulle consonne française n'est impossible à prononcer pour un Européen. Enfin, les voyelles françaises sont nombreuses et très nuancées, forment une rare et précieuse collection de timbres délicats qui offrent aux poètes dignes de ce nom des *valeurs* par le jeu desquelles ils peuvent compenser le registre tempéré et la modération générale des accents de leur langue. La variété des é et des è, — les riches diphtongues, comme celles-ci : *feuille, rouille, paille , pleure, toise, tien* — etc., — l'*e* muet qui tantôt existe, tantôt ne se fait presque point sentir s'il ne s'efface entièrement, et qui procure tant d'effets subtils de silences élémentaires, ou qui termine ou prolonge tant de mots par une sorte d'ombre que semble jeter après elle une syllabe accentuée, — voilà des moyens dont on pourrait montrer l'efficacité par une infinité d'exemples.

Mais je n'en ai parlé que pour établir ce que je prétendais tout à l'heure : que la langue française doit se ranger à part ; également éloignée, au point de vue phonétique, des langues dites latines ou romanes et des langues germaniques.

Il est bien remarquable, en particulier, que la langue parlée sur un territoire intermédiaire entre l'Italie et l'Espagne se contienne dans un registre bien moins étendu que celui où se meuvent les voix italiennes et espagnoles. Ses voyelles sont plus nombreuses et plus nuancées ; ses consonnes jamais ne sont de la force, ne demandent l'effort qui s'y attache dans les autres langues latines.

L'histoire du français nous apprend à ce sujet des choses curieuses, que je trouve significatives. Elle nous enseigne, par exemple, que la lettre r, quoique très peu rude en français, où elle ne se trouve jamais *roulée* ni *aspirée,* a failli disparaître de la langue, à plusieurs reprises, et être remplacée, selon un adoucissement progressif, par quelque émission plus aisée. (Le mot *chaire* est devenu *chaise,* etc.)

En somme, un examen phonétique même superficiel (comme celui qu'un simple *amateur* pouvait faire) m'a montré dans la poétique et la langue de France des traits et des singularités que je ne puis m'expliquer que par les caractères mêmes de la nation que j'ai énoncés tout à l'heure.

Si la langue française est comme tempérée dans sa tonalité générale ; si « bien parler le français » c'est le parler sans « accent » ; si les phonèmes rudes ou trop marqués en sont proscrits, ou en furent peu à peu éliminés ; si, d'autre part, les *timbres* y sont nombreux et complexes, les muettes si sensibles, je n'en puis voir d'autre cause que le mode de formation et la complexité de l'alliage de la nation. Dans un pays où les Celtes, les Latins, les Germains, ont accompli une fusion très intime, où l'on parle encore, où l'on écrit, à côté de la langue dominante, une quantité de langages divers (plusieurs langues romanes, les dialectes du français, ceux du breton, le basque, le catalan, le corse), il s'est fait nécessairement une unité linguistique parallèle à l'unité politique et à l'unité de sentiment. Cette unité ne pouvait s'accomplir que par des transactions statistiques, des concessions mutuelles, un abandon par les uns de ce qui était trop ardu à prononcer pour les autres, une altération mutuelle. Peut-être pourrait-on pousser l'analyse un peu plus loin et rechercher si les formes spécifiques de français ne relèvent pas, elles aussi, des mêmes nécessités ?

La clarté de structure du langage de la France — si on pouvait la définir d'une façon simple — apparaîtrait sans doute comme le fruit des mêmes besoins et des mêmes conditions ; et il n'est pas douteux, d'autre part, que la littérature de ce pays, en ce qu'elle a de plus caractéristique, procède mêmement d'un mélange de qualités très différentes et d'origines très diverses, dans une forme d'autant plus nette et impérieuse que les substances qu'elle doit recevoir sont plus hétérogènes. Le même pays produit un Pascal et un Voltaire, un Lamartine et un Hugo, un Musset et un Mallarmé. Il y a quelques années, on pouvait rencontrer, dans un même salon de Paris, Émile Zola et Théodore de Banville, ou bien aller en un quart d'heure du cabinet d'Anatole France au bureau de J.-K. Huysmans : c'était visiter des extrêmes.

Ici se placeraient tout naturellement des considérations sur ce que la France a donné aux Lettres de proprement et spécialement français. Il faudrait, par exemple, mettre en lumière ce remarquable développement de l'esprit critique en matière de *forme* qui s'est prononcé à partir du XVIe siècle ; cet esprit a dominé la littérature pendant la période dite *classique,* et n'a jamais cessé depuis lors d'exercer une influence directe ou indirecte sur la production.

La France est peut-être le seul pays où des considérations de pure forme, un souci de la forme en soi, aient persisté et dominé dans l'ère moderne. Le sentiment et le culte de la forme me semblent être des passions de l'esprit qui se rencontrent le plus souvent en liaison avec l'esprit critique et la tournure sceptique des esprits. Ils s'accompagnent, en effet, d'une particulière liberté à l'égard du contenu, et coexistent souvent avec une sorte de sens de l'ironie généralisée. Ces vices ou ces vertus exquises sont ordinairement cultivés dans des milieux sociaux riches en expériences et en contrastes, où le mouvement des échanges d'idées, l'activité des esprits concentrés et heurtant leur diversité s'exagèrent et acquièrent l'intensité, l'éclat, parfois la sécheresse d'une flamme. Le rôle de la Cour, le rôle de Paris dans la littérature française furent ou sont essentiels. Le chef-d'œuvre littéraire de la France est peut-être sa prose abstraite, dont la pareille ne se trouve nulle part. Mais je ne puis ici développer ces vues. Il y faudrait tout un livre.

Je n'ajoute qu'une remarque à cet aperçu tout insuffisant : des fondations comme l'Académie française, des institutions comme la Comédie-Française et quelques autres, sont bien, chacune selon sa nature et sa fonction, des productions nationales spécifiques, dont l'essence est de renforcer et de consacrer, et en somme de représenter à la France même, sa puissante et volontaire unité.

Quant aux beaux-arts, je dirai seulement quelques mots de notre architecture française, qui auront pour objet de faire remarquer son originalité pendant les grandes époques où elle a fleuri. Pour comprendre l'architecture française de 1100 à 1800, — sept siècles dont chacun a donné ses chefs-d'œuvre, et ses catégories de chefs-d'œuvre, — cathédrales, châteaux, palais, admirables *séries* , — il importe de se reporter au principe le plus délicat et le plus solide de tous les arts ; qui est l'accord intime, et aussi profond que le permet la nature des choses entre la *matière* et la *figure* de l'ouvrage.

L'indissolubilité de ces deux éléments est le but incontestable de tout grand art. L'exemple le plus simple est celui que nous offre la poésie, à l'existence de laquelle l'union étroite ou la mystérieuse *symbiose du son et du sens* est essentielle.

C'est par cette recherche d'une liaison qui doit se pressentir et s'accomplir dans la vivante profondeur de l'artiste, et en quelque sorte *dans tout son corps,* que l'œuvre peut acquérir quelque ressemblance avec les productions vivantes de la nature, dans lesquelles il est impossible de dissocier les forces et les formes.

En ce qui concerne l'architecture, il faut s'accoutumer, pour en avoir une opinion exacte et en tirer une jouissance supérieure, à distinguer les constructions dont la figure et la matière sont demeurées indépendantes l'une de l'autre, de celles où ces deux facteurs ont été rendus comme inséparables. Le public confond trop souvent les qualités véritablement architectoniques avec les effets de décor purement extérieurs. On se satisfait d'être ému, ou étonné, ou amusé par des apparences théâtrales ; et sans doute, il existe de très beaux monuments qui émerveillent les yeux quoiqu'ils soient faits d'une grossière matière, d'un noyau de concrétion revêtu d'enduits menteurs, de marbres appliqués, d'ornements rapportés. Mais, au regard de l'esprit, *ces bâtisses ne vivent pas* . Elles sont des masques, des simulacres sous lesquels se dissimule une misérable vérité. Mais, au contraire, il suffit au connaisseur de considérer une simple église de village, comme il en existe encore des milliers en France, pour recevoir le choc du Beau total, et ressentir, en quelque sorte, *le sentiment d'une synthèse.*

Nos constructeurs des grandes époques ont toujours *visiblement* conçu leurs édifices d'un seul jet, — et non en deux *moments* de l'esprit ou en deux séries d'opérations, les unes relatives à la forme, les autres à la matière. Si l'on me permet cette expression, ils pensaient en matériaux. D'ailleurs la magnifique qualité de la pierre dans les régions où l'architecture médiévale la plus pure s'est développée, leur était éminemment favorable à ce mode de concevoir. Si l'on considère la suite des découvertes et des réalisations qui se sont produites dans cet ordre de choses du XIIe au XIVe siècle, on assiste à une évolution bien remarquable, qui peut s'interpréter comme une lutte entre une imagination et des desseins de plus en plus hardis, un désir croissant de légèreté, de fantaisie et de richesse, — et d'autre part, un sentiment de la matière et de ces propriétés qui ne s'obscurcit et ne s'égare que vers la fin de cette grande époque. Ce développement est marqué par l'accroissement de la science combinée de la structure et de la coupe des pierres, et s'achève par des prodiges et par les abus inévitables d'une virtuosité excessive. Mais avant d'en arriver à cette décadence, que de chefs-d'œuvre, quels accords extraordinairement justes entre les facteurs de l'édifice ! L'art n'a jamais approché de si près la logique et la grâce des êtres vivants, — j'entends, de ceux que la nature a heureusement réussis, — que dans ces œuvres admirables qui, bien différentes de celles dont la valeur se réduit à la valeur d'un décor de théâtre, supportent, et même suggèrent et imposent, le mouvement, l'examen, la réflexion. Circonstance singulière : nous ignorons entièrement les méthodes, la culture technique et théorique, les connaissances mathématiques et mécaniques de leurs grands créateurs.

Je signalerai au passage deux caractères très importants de leurs ouvrages, qui illustreront avec précision ce que je viens de dire au sujet de leur manière de concevoir. Entrez à Notre-Dame de Paris, et considérez la tranche de l'édifice qui est comprise entre deux piliers successifs de la nef. Cette tranche constitue un tout. Elle est comparable à un segment de vertébré. Au point de vue de la structure comme au point de vue de la décoration, elle est un élément intégrant complet, et *visiblement* complet. D'autre part, si vous portez votre attention sur les profils des formes, sur le détail des *formes de passage*, des moulures, des nervures, des bandeaux, des arêtes qui conduisent l'œil dans ses mouvements, vous trouverez dans la compréhension de ces moyens auxiliaires si simples en eux-mêmes, une impression comparable à celle que donne en musique l'art de moduler et de transporter insensiblement d'un état dans un autre une âme d'auditeur. Mais il n'est pas besoin d'édifices considérables pour faire apparaître ces qualités supérieures. Une chapelle, une maison très simples suffisent, dans dix mille villages, à nous représenter des témoins séculaires de ce sentiment de l'intimité de la forme avec la matière, par laquelle une construction, même tout humble, a le caractère d'une production spontanée du sol où elle s'élève.

Après tout ce que j'ai dit, on ne sera point étonné que je considère la France elle-même comme une *forme*, et qu'elle m'apparaisse comme une *œuvre*. C'est une nation dont on peut dire qu'elle est faite de main d'homme, et qu'elle est en quelque manière dessinée et construite comme une figure dont la diversité de ses parties s'arrangent en un individu. Or pourrait dire aussi qu'elle est une sorte de *loi*, qu'un certain territoire et une certaine combinaison ethnique donnent à un groupement humain qui ne cesse au cours des âges de s'organiser et de se réorganiser suivant cette loi. L'effet le plus visible de la loi qui ordonne l'existence de la France est, comme je l'ai dit plus haut, la fonction de Paris, et la singularité de son rôle. Ce phénomène capital était nécessaire dans un pays qui n'est point défini par une race dominante, ni par des traditions ou des croyances, ni par des circonstances économiques, mais par un équilibre très complexe, une diversité extrêmement riche, un ensemble de différences des êtres et des climats auxquels devait répondre un organe de coordination très puissant. Quant au caractère de la nation, on le connaît assez. Elle est vive d'esprit, généralement prudente dans les actes, mobile à la surface, constante et fidèle en profondeur. Elle néglige assez facilement ses traditions, garde indéfiniment ses habitudes ; elle est sagace et légère, clairvoyante et distraite, tempérée à l'excès, et même infiniment trop modérée dans ses vrais désirs pour une époque où l'énormité des ambitions, la monstruosité des appétits sont presque des conditions normales. Le Français se contente de peu. Il n'a pas de grands besoins matériels, et ses instincts sont modérés. Même il considère avec un certain scepticisme le développement du machinisme et les progrès de cet ordre dans lequel il lui arrive souvent de créer et de s'endormir sur son œuvre, laissant aux autres le soin et le profit de s'en servir. Peut-être les Français pressentent-ils tout ce que l'esprit et ses valeurs générales peuvent perdre par l'accroissement indéfini de l'organisation et du spécialisme.

Ce dernier trait s'accorde bien avec la thèse générale de ma petite étude. Il est clair qu'un peuple essentiellement hétérogène et qui vit de l'unité de ses différences internes, ne pourrait, sans s'altérer profondément, adopter le mode d'existence uniforme et entièrement discipliné qui convient aux nations dont le rendement industriel et la satisfaction standardisée sont des conditions ou des idéaux conformes à leur nature. Le contraste et même les contradictions sont presque essentiels à la France. Ce pays où l'indifférence en matière de religion est si commune, est aussi le pays des plus récents miracles. Pendant les mêmes années que Renan développait sa critique et que le positivisme ou l'agnosticisme s'élargissaient, une apparition illuminait la grotte de Lourdes. C'est au pays de Voltaire et de quelques autres que la foi est la plus sérieuse et la plus solide, peut-être, et que les Ordres se recruteraient le plus aisément ; c'est à lui que l'Église a attribué les canonisations les plus nombreuses dans ces dernières années. Mais peu de superstitions ; je veux dire : moins qu'ailleurs. Il y a en France moins de télépathies, moins de recherches « psychiques », moins d'évocations et de thérapeutiques prestigieuses, qu'il n'y en a dans certaines contrées moins superficielles. Je ne veux pas dire qu'il n'y en ait point.

FONCTION DE PARIS

Une très grande ville a besoin du reste du monde, s'alimente comme une flamme aux dépens d'un territoire et d'un peuple dont elle consume et change en *esprit,* en *paroles,* en *nouveautés,* en *actes* et en *œuvres* les trésors muets et les réserves profondes. Elle rend vif, ardent, brillant, bref et actif ce qui dormait, couvait, s'amassait, mûrissait ou se décomposait sans éclat dans l'étendue vague et semblable à elle-même d'une vaste contrée. Les terres habitées se forment ainsi des manières de *glandes,* organes qui élaborent ce qu'il faut aux hommes de plus exquis, de plus violent, de plus vain, de plus abstrait, de plus excitant, de moins nécessaire à l'existence élémentaire ; quoique indispensable à l'édification d'êtres supérieurs, puissants et complexes, et à l'exaltation de leurs valeurs.

Toute grande ville d'Europe ou d'Amérique est cosmopolite : ce qui peut se traduire ainsi : plus elle est vaste, plus elle est diverse, plus grand est le nombre des races qui y sont représentées, des langues qui s'y parlent, des dieux qui s'y trouvent adorés simultanément.

Chacune de ces trop grandes et trop vivantes cités, créations de l'inquiétude, de l'avidité, de la volonté combinées avec la figure locale du sol et la situation géographique, se conserve et s'accroît en attirant à soi ce qu'il y a de plus ambitieux, de plus remuant, de plus libre d'esprit, de plus raffiné dans les goûts, de plus vaniteux, de plus luxurieux et de plus lâche quant aux mœurs. On vient aux grands centres pour avancer, pour triompher, pour s'élever ; pour jouir, pour s'y consumer ; pour s'y fondre et s'y métamorphoser ; et en somme pour *jouer,* pour se trouver à la portée du plus grand nombre possible de chances et de proies, — femmes, places, clartés, relations, facilités diverses ; — pour attendre ou provoquer l'événement favorable dans un milieu dense et chargé d'occasions, de circonstances, et comme riche d'imprévu, qui engendre à l'imagination toutes les promesses de l'incertain. Chaque grande ville est une immense maison de jeux.

Mais dans chacune il est quelque jeu qui domine. L'une s'enorgueillit d'être le marché de tout le diamant de la terre ; l'autre tient le contrôle du coton. Telle porte le sceptre du café, ou des fourrures, ou des soies ; telle autre fixe le cours des frets, ou des fauves, ou des métaux. Toute une ville sent le cuir ; l'autre, la poudre parfumée.

Paris fait un peu de tout. Ce n'est point qu'il n'ait sa spécialité et sa propriété particulière ; mais elle est d'un ordre plus subtil, et la fonction qui lui appartient à lui seul est plus difficile à définir que celles des autres cités.

La parure des femmes et la variation de cette parure ; la production des romans et des comédies ; les arts divers qui tendent au raffinement des plaisirs fondamentaux de l'espèce, tout ceci lui est communément et facilement attribué.

Mais il faut y regarder plus attentivement et chercher un peu plus à fond le caractère essentiel de cet illustre Paris.

Il est d'abord à mes yeux la ville la plus *complète* qui soit au monde, car je n'en vois point où la diversité des occupations, des industries, des fonctions, des produits et des idées soit plus riche et mêlée qu'ici.

Être à soi seule la capitale politique, littéraire, scientifique, financière, commerciale, voluptuaire et somptuaire d'un grand pays ; en représenter toute l'histoire ; en absorber et en concentrer toute la substance pensante aussi bien que tout le crédit et presque toutes les facultés et disponibilités d'argent, — et tout ceci, bon et mauvais pour la nation qu'elle couronne, c'est par quoi se distingue entre toutes les villes géantes, la Ville de Paris. Les conséquences, les immenses avantages, les inconvénients, les graves dangers de cette concentration sont aisés à imaginer.

Ce rapprochement si remarquable d'êtres diversement inquiets, d'intérêts tout différents entre eux qui s'entrecroisent ; de recherches qui se poursuivent dans le même air, qui, s'ignorant, ne peuvent toutefois qu'elles ne se modifient l'une l'autre *par influence* ; ces mélanges précoces de jeunes hommes dans leurs cafés, ces combinaisons fortuites et ces reconnaissances tardives d'hommes mûrs et parvenus dans les salons, le jeu beaucoup plus facile et accéléré qu'ailleurs des individus dans l'édifice social, suggèrent une image de Paris toute « psychologique ».

Paris fait songer à je ne sais quel grossissement d'un organe de l'esprit. Il y règne une mobilité toute mentale. Les généralisations, les dissociations, les reprises de conscience, l'oubli, y sont plus prompts et plus fréquents qu'en aucun lieu de la terre. Un homme par un seul mot s'y fait un nom ou se détruit en un instant. Les êtres ennuyeux n'y trouvent pas autant de faveur qu'on leur en accorde en d'autres villes de l'Europe ; et ceci au détriment quelquefois des idées profondes. Le charlatanisme y existe, mais presque aussitôt reconnu et défini. Il n'est pas mauvais à Paris de dégoiser ce que l'on a de solide et de péniblement acquis sous une légèreté et une grâce qui préservent les secrètes vertus de la pensée attentive et étudiée. Cette sorte de pudeur ou de prudence est si commune à Paris qu'elle lui donne au regard étranger l'apparence d'une ville de pur luxe et de mœurs faciles. Le plaisir est en évidence. On y vient expressément pour s'y délivrer, pour se divertir. On y prend aisément bien des idées fausses sur la nation la plus mystérieuse du monde, d'ailleurs la plus ouverte.

Encore quelques mots sur un grand sujet qu'il ne s'agit point ici d'épuiser.

Ce Paris, dont le caractère résulte d'une très longue expérience, d'une infinité de vicissitudes historiques ; qui, dans un espace de trois cents ans, a été deux ou trois fois la tête de l'Europe, deux ou trois fois conquis par l'ennemi, le théâtre d'une demi-douzaine de révolutions politiques, le créateur d'un nombre admirable de renommées, le destructeur d'une quantité de niaiseries ; et qui appelle continuellement à soi la fleur et la lie de la race, s'est fait la métropole de diverses libertés et la capitale de la sociabilité humaine.

L'accroissement de la crédulité dans le monde, qui est dû à la fatigue de l'idée nette, à l'accession de populations exotiques à la vie civilisée, menace ce qui distinguait l'esprit de Paris. Nous l'avons connu capitale de la *qualité*, et capitale de la *critique*. Tout fait craindre pour ces couronnes que des siècles de délicates expériences, d'éclaircissements et de choix avaient ouvrées.

ORIENT ET OCCIDENT

Préface au livre d'un chinois

Rares sont les livres délicieux ; et rares les livres de véritable importance. On ne voit donc presque jamais la combinaison de ces valeurs. Cependant, l'improbable n'est pas l'impossible ; il peut arriver une fois qu'une œuvre charmante soit le signe d'une époque du monde.

Je trouve dans celle-ci, sous les couleurs les plus douces et les apparences les plus gracieuses, les prémices de grandes et d'admirables nouveautés. Elle me fait songer à l'aurore, au phénomène rose qui, par ses tendres nuances, insinue et annonce l'immense événement de la naissance d'un jour.

Quoi de plus neuf et de plus capable de conséquences profondes, que l'entreprise d'une correspondance toute directe entre les esprits de l'Europe et ceux de l'Extrême-Asie, et même entre les cœurs ? Ce commerce des sentiments et des pensées jusqu'ici n'eut pas d'existence. Il n'y a personne encore pour y croire, parmi nous.

La Chine, fort longtemps nous fut une planète séparée. Nous la peuplions d'un peuple de fantaisie, car il n'est rien de plus naturel que de réduire les autres à ce qu'ils offrent de bizarre à nos regards. Une tête à perruque et à poudre, ou porteuse d'un chapeau « haut de forme », ne peut concevoir des têtes à longue queue.

Nous prêtions pêle-mêle à ce peuple extravagant, de la sagesse et des niaiseries ; de la faiblesse et de la durée ; une inertie et une industrie prodigieuses ; une ignorance, mais une adresse ; une naïveté, mais une subtilité incomparable ; une sobriété et des raffinements miraculeux ; une infinité de ridicules. On considérait la Chine immense et impuissante ; inventive et stationnaire, superstitieuse et athée ; atroce et philosophique ; patriarcale et corrompue ; et déconcertés par cette idée désordonnée que nous en avions, ne sachant où la placer, dans notre système de la civilisation que nous rapportons invinciblement aux Égyptiens, aux Juifs, aux Grecs et aux Romains ; ne pouvant ni la ravaler au rang de barbare qu'elle nous réserve à nous-mêmes, ni la hausser à notre point d'orgueil, nous la mettions dans une autre sphère et dans une autre chronologie, dans la catégorie de ce qui est à la fois réel et incompréhensible ; coexistant, mais à l'infini.

Rien, par exemple, ne nous est plus malaisé à concevoir, que la limitation dans les volontés de l'esprit et que la modération dans l'usage de la puissance matérielle. Comment peut-on inventer la boussole, — se demande l'Européen, — sans pousser la curiosité et continuer son attention jusqu'à la science du magnétisme ; et comment, l'ayant inventée, peut-on ne pas songer à conduire au loin une flotte qui aille reconnaître et maîtriser les contrées au delà des mers ? — Les mêmes qui inventent la poudre, ne s'avancent pas dans la chimie et ne se font point de canons : ils la dissipent en artifice et en vains amusements de la nuit.

La boussole, la poudre, l'imprimerie, ont changé l'allure du monde. Les Chinois, qui les ont trouvées, ne s'aperçurent donc pas qu'ils tenaient les moyens de troubler indéfiniment le repos de la terre.

Voilà qui est un scandale pour nous. C'est à nous, qui avons au plus haut degré le sens de l'abus, qui ne concevons pas qu'on ne l'ait point et qu'on ne tire, de tout avantage et de toute occasion, les conséquences les plus rigoureuses et les plus excessives, qu'il appartenait de développer ces inventions jusqu'à l'extrême de leurs effets. Notre affaire n'est-elle point de rendre l'univers trop petit pour nos mouvements, et d'accabler notre esprit, non plus tant par l'infinité indistincte de ce qu'il ignore que par la quantité actuelle de tout ce qu'il pourrait et ne pourra jamais savoir ?

Il nous faut aussi que les choses soient toujours plus intenses, plus rapides, plus précises, plus concentrées, plus surprenantes. Le nouveau, qui est cependant le périssable par essence, est pour nous une qualité si éminente, que son absence nous corrompt toutes les autres et que sa présence les remplace. A peine de nullité, de mépris et d'ennui ; nous nous contraignons d'être toujours plus *avancés* dans les arts, dans les mœurs, dans la politique et dans les idées, et nous sommes formés à ne plus priser que l'étonnement et l'effet instantané de choc. César estimant qu'on n'avait rien fait, tant qu'il restait quelque chose à faire ; Napoléon qui écrit : » *Je ne vis jamais que dans deux ans* », semblent avoir communiqué cette inquiétude, cette intolérance à l'égard de tout ce qui est, à presque toute la race blanche. Nous sommes excités comme eux à ne rien faire qui ne détruise ce qui le précède, moyennant sa propre dissipation.

Il est à remarquer que cette tendance, que l'on pourrait croire créatrice, n'est pas, en réalité, moins automatique dans son procédé que la tendance contraire. Il arrive assez souvent que la poursuite systématique du neuf soit une forme de moindre action, — une simple *facilité*.

Entre une société dont l'accélération est devenue une loi évidente, et une autre dont l'inertie est la propriété la plus sensible, les relations ne peuvent guère être symétriques, et la réciprocité, qui est la condition de l'équilibre, et qui définit le régime d'une véritable paix, ne saurait que difficilement exister.

Il y a pire.

Par malheur pour le genre humain, il est dans la nature des choses que les rapports entre les peuples commencent toujours par le contact des individus le moins faits pour rechercher les racines communes et découvrir, avant toute chose, la correspondance des sensibilités.

Les peuples se touchent d'abord par leurs hommes les plus durs, les plus avides ; ou bien par les plus déterminés à imposer leurs doctrines et à donner sans recevoir, ce qui les distingue des premiers. Les uns et les autres n'ont point l'égalité des échanges pour objet, et leur rôle ne consiste pas le moins du monde à respecter le repos, la liberté, les croyances ou les biens d'autrui. Leur énergie, leurs talents, leurs lumières, leur dévouement sont appliqués à créer ou à exploiter l'inégalité. Ils se dépensent, et souvent ils se sacrifient dans l'entreprise de faire aux autres ce qu'ils ne voudraient pas qu'on leur fît. Or, il faut nécessairement mépriser les gens, parfois sans en avoir le sentiment, et même avec une bonne conscience, — pour s'employer à les réduire ou à les séduire. Au commencement est le mépris : pas de réciprocité plus aisée, ni de plus prompte à établir.

Une méconnaissance, un mutuel dédain, et même une *antipathie* essentielle, une sorte de négation en partie double, quelques arrière-pensées de violence ou d'astuce, — telle était jusqu'ici la substance psychologique des rapports qu'entretenaient les uns avec les autres les *magots* et les *diables étrangers*.

Mais le temps vient que les diables étrangers se doivent émouvoir des immenses effets de leurs vertus actives. Ces étranges démons, ivres d'idées, altérés de puissance et de connaissances, excitant, dissipant au hasard les énergies naturelles dormantes ; évoquant plus de forces qu'ils ne savent en conjurer ; édifiant des formes de pensée infiniment plus complexes et plus générales que toute pensée, se sont plu, d'autre part, à tirer de leur stupeur ou de leur torpeur des races primitives ou des peuples accablés de leur âge.

Dans cet état des choses, une guerre de fureur et d'étendue inouïes ayant éclaté, un état panique universel a été créé, et le genre humain remué dans sa profondeur. Les hommes de toute couleur, de toutes coutumes, de toute culture, ont été appelés à cette sorte de Jugement avant-dernier. Toutes les idées et les opinions, les préjugés et les évaluations sur quoi se fondait la stabilité politique antérieure, se trouvèrent soumises à de formidables preuves. Car la guerre est le choc de l'événement contre l'attente ; le physique dans toute sa puissance y tient le psychique en état : une guerre longue et générale bouleverse dans chaque tête l'idée qu'elle s'était faite du monde et du lendemain.

C'est que la paix n'est qu'un système de conventions, un équilibre de symboles, un édifice essentiellement fiduciaire. La menace y tient lieu de l'acte ; le papier y tient lieu de l'or ; l'or y tient lieu de tout. Le crédit, les probabilités, les habitudes, les souvenirs et les paroles, sont alors des éléments immédiats du jeu politique, — car toute politique est spéculation, opération plus ou moins réelle sur des valeurs fictives. *Toute politique se réduit à faire de l'escompte ou du report de puissance.* La guerre liquide enfin ces positions, exige la présence et le versement des forces vraies, éprouve les cœurs, ouvre les coffres, oppose le fait à l'idée, les résultats aux renommées, l'accident aux prévisions, la mort aux phrases. Elle tend à faire dépendre le sort ultérieur des choses de la réalité toute brute de l'instant.

La dernière guerre a donc été féconde en révélations. On a vu les plus hautaines et les plus riches nations du globe, réduites à une sorte de mendicité, appelant les plus faibles à l'aide, sollicitant des bras, du pain, des secours de toute nature, incapables de soutenir, à soi seules, la suprême partie où leur puissance même les avait engagées. Bien des yeux se sont ouverts, bien des réflexions et des comparaisons se sont instituées.

Mais ce n'est point chez nous que se développent les suites les plus importantes de ces grands événements. Ce ne sont pas du tout les peuples qui furent le plus directement mêlés ou opposés dans le conflit qui s'en trouvent aujourd'hui le plus troublés et transformés. Les effets de la guerre s'élargissent hors d'Europe, et il n'y a point de doute que nous verrons revenir des antipodes les conséquences d'un ébranlement qui s'est communiqué à la masse énorme de l'Orient.

Les *magots* connaissent enfin les inconvénients d'une passivité trop obstinée et trop prolongée. Ils eurent longtemps pour principe que tout changement est mauvais, cependant que les *diables étrangers* suivaient la maxime contraire. Ces héritiers de la dialectique grecque, de la sagesse romaine et de la doctrine évangélique, ayant été tirer de son sommeil le seul peuple du monde qui se soit accommodé, pendant je ne sais combien de siècles, du gouvernement de littérateurs raffinés, on ne sait ce qui adviendra, quelles perturbations générales devront se produire, quelles transformations internes de l'Europe, ni vers quelle nouvelle forme d'équilibre le monde humain va graviter dans l'ère prochaine.

Mais regardant humainement ces problèmes humains, je me borne à considérer en lui-même le rapprochement inévitable de ces peuples si différents. Voici des hommes en présence qui ne s'étaient jamais regardés que comme radicalement étrangers ; et ils l'étaient, car ils n'avaient aucun besoin les uns des autres. Nous n'étions, en toute rigueur, que des *bêtes curieuses* les uns pour les autres, et si nous étions contraints de nous concéder mutuellement certaines vertus, ou quelque supériorité sur certains points, ce n'était guère plus que ce que nous faisons quand nous reconnaissons à tels ou à tels animaux une vigueur ou une agilité ou une industrie que nous n'avons pas.

C'est que nous ne nous connaissions, et ne nous connaissons encore, que par les actes de commerce, de guerre, de politique temporelle ou spirituelle, toutes relations auxquelles sont essentiels la notion d'adversaire et le mépris de l'adversaire.

Ce genre de rapports est nécessairement superficiel. Non seulement il s'accorde avec une parfaite ignorance de l'intime des êtres, mais encore il l'exige : il serait bien pénible et presque impossible de duper, de vexer ou de supprimer quelqu'un dont la vie profonde vous serait présente et la sensibilité mesurable par la vôtre.

Mais tout mène les populations du globe à un état de dépendance réciproque si étroit et de communications si rapides qu'elle ne pourront plus, dans quelque temps, se méconnaître assez pour que leurs relations se restreignent à de simples manœuvres intéressées. Il y aura place pour autre chose que les actes d'exploitation, de pénétration, de coercition et de concurrence.

Depuis longtemps déjà, l'art de l'Extrême-Orient impose à nos attentions d'incomparables objets. L'Occident, qui se pique de tout comprendre et de tout assimiler à sa substance dévorante, place au premier rang, dans ses collections, quantité de merveilles qui lui sont venues de là-bas *per fas et nefas*.

Peut-être est-ce le lieu de remarquer que les Grecs, si habiles dans la proportion et la composition des formes, semblent avoir négligé le raffinement dans la matière. Ils se sont contentés de celle qu'ils trouvaient auprès d'eux et n'ont rien recherché de plus délicat, rien qui arrête les sens indéfiniment et diffère l'introduction des idées. Mais nous devons à l'Empire du Ciel l'exquise invention de la soie, celles de la porcelaine, des émaux, du papier, et bien d'autres encore, qui nous sont devenues toutes familières, tant elles se sont trouvées heureusement adaptées aux goûts de la civilisation universelle.

Mais c'est peu que d'admirer et d'utiliser les talents d'une race étrangère, si l'on ne laisse d'en dédaigner les sentiments et l'âme pour se réduire à caresser de l'œil, les vases, les laques, les ouvrages d'ivoire, de bronze et de jade qu'elle a produits. Il y a quelque chose plus précieuse encore, dont ces chefsd'œuvre ne sont que les démonstrations, les divertissements et les reliques : c'est la vie.

M. Cheng, de qui je me permets de présenter et de recommander le livre au public, se propose de nous faire aimer ce que nous avons si longtemps ignoré, méprisé et raillé avec tant de naïve assurance.

Ce lettré, fils de lettrés, descendant d'une antique famille, qui compte parmi ses ancêtres le vénérable et illustre Lao-Tseu, est venu parmi nous s'instruire aux sciences naturelles. Il a écrit en français son ouvrage.

Il ne prétend à rien de moins qu'à nous faire pénétrer dans la vivante profondeur de cet abîme d'hommes innombrables, dont nous ne savons jusqu'ici que ce que nous en disent des observateurs trop semblables à nous.

L'ambition de notre auteur est singulière. Il veut toucher notre cœur. Il nous veut éclairer la Chine intérieurement et y placer une douce lumière qui nous fasse voir par transparence tout l'organisme de la famille chinoise, qui nous en montre les mœurs, les vertus, les grandeurs et les misères, la structure intime, la force végétale infinie.

Il s'y est pris de la sorte la plus originale, la plus délicate et la plus habile : il a choisi sa propre mère, pour personnage essentiel. Cette dame au grand cœur est une figure charmante. Soit qu'elle conte la douloureuse histoire du supplice infligé à ses pieds, ou les incidents de sa vie dans la maison ; ou bien qu'elle fasse à ses enfants des contes délicieux aussi purs et aussi mystiques que certaines fables des anciens, ou qu'elle nous livre enfin ses impressions des événements politiques, la guerre avec les Japonais ou la révolte des Boxers, j'ai trouvé de l'enchantement à l'écouter.

Prendre une mère toute tendre et tout aimable pour interprète de sa race auprès du genre humain est une idée si surprenante et si juste qu'il est impossible de n'en être pas séduit et comme ébranlé.

Dirai-je ici toute ma pensée ? Si l'auteur nous eût mieux connus lui serait-il venu à l'esprit d'invoquer le nom et l'être de sa mère, est-il jamais songé de nous convertir à l'amour universel par le détour de la tendresse maternelle ? Je n'imagine guère un occidental s'avisant de s'adresser aux peuples de la Chine de par le sentiment le plus auguste. On peut méditer sur ceci. Tout ce livre, d'ailleurs, ramène les pensées à l'Europe, à ses mœurs, ses croyances, ses lois, et surtout sa politique... Ici, comme là-bas, chaque instant souffre du passé et de l'avenir. Il est clair que la tradition et le progrès sont deux grands ennemis du genre humain.

PROPOS SUR LE PROGRÈS

Les artistes naguère n'aimaient pas ce qu'on appelait le Progrès. Ils n'en voyaient pas dans les œuvres beaucoup plus que les philosophes dans les mœurs. Ils condamnaient les actes barbares du savoir, les brutales opérations de l'ingénieur sur les paysages, la tyrannie des mécaniques, la simplification des types humains qui compense la complication des organismes collectifs. Vers 1840, on s'indignait déjà des premiers effets d'une transformation à peine ébauchée. Les Romantiques, tout contemporains qu'ils étaient des Ampère et des Faraday, ignoraient aisément les sciences, ou les dédaignaient ; ou n'en retenaient que ce qui s'y trouve de fantastique. Leurs esprits se cherchaient un asile dans un moyen âge qu'ils se forgeaient ; fuyaient le chimiste dans l'alchimiste. Ils ne se plaisaient que dans la Légende ou dans l'Histoire, c'est-à-dire aux antipodes de la Physique. Ils se sauvaient de l'existence organisée dans la passion et les émotions, dont ils instituèrent une culture (et même une comédie).

Voici cependant une contradiction assez remarquable dans la conduite intellectuelle d'un grand homme de cette époque. Le même Edgar Poe, qui fut l'un des premiers à dénoncer la nouvelle barbarie et la superstition du moderne, est aussi le premier écrivain qui ait songé à introduire dans la production littéraire, dans l'art de former des fictions, et jusque dans la poésie, le même esprit d'analyse et de construction calculée dont il déplorait, d'autre part, les entreprises et les forfaits.

En somme, à l'idole du Progrès répondit l'idole de la malédiction du Progrès ; ce qui fit *deux lieux communs*.

Quant à nous, nous ne savons que penser des changements prodigieux qui se déclarent autour de nous et même en nous. Pouvoirs nouveaux, gênes nouvelles, le monde n'a jamais moins su où il allait.

Comme je songeais à cette antipathie des artistes à l'égard du progrès, il me vint à l'esprit quelques idées accessoires qui valent ce qu'elles valent, et que je donne pour aussi vaines que l'on voudra.

Dans la première moitié du XIXe siècle, l'artiste découvre et définit son contraire, — le *bourgeois*. Le bourgeois est la figure symétrique du romantique. On lui impose d'ailleurs des propriétés contradictoires, car on le fait à la fois esclave de la routine et sectateur absurde du progrès. Le bourgeois aime le solide et croit au perfectionnement. Il incarne le sens commun, l'attachement à la réalité la plus sensible, — mais il a foi dans je ne sais quelle amélioration croissante et presque fatale des conditions de la vie. L'artiste se réserve le domaine du « Rêve ».

Or la suite du temps — ou si l'on veut, le démon des combinaisons inattendues, (celui qui tire et déduit de ce qui est les conséquences les plus surprenantes dont il compose ce qui sera) — s'est divertie à former une confusion tout admirable de deux notions jadis exactement opposées. Il arriva que le merveilleux et le positif ont contracté une étonnante alliance, et que ces deux anciens ennemis se sont conjurés pour engager nos existences dans une carrière de transformations et de surprises indéfinie. On peut dire que les hommes s'accoutument à considérer toute connaissance comme transitive, tout état de leur industrie et de leurs relations matérielles comme provisoire. Ceci est neuf. Le statut de la vie générale doit de plus en plus tenir compte de l'inattendu. Le réel n'est plus terminé nettement. Le lieu, le temps, la matière admettent des libertés dont on n'avait naguère aucun pressentiment. La rigueur engendre des rêves. Les rêves prennent corps. Le sens commun, cent fois confondu, bafoué par d'heureuses expériences, n'est plus invoqué que par l'ignorance. La valeur de l'évidence moyenne est tombée à rien. Le fait d'être communément reçus, qui donnait autrefois une force invincible aux jugements et aux opinions, les déprécie aujourd'hui. Ce qui fut cru par tous, toujours et partout, ne paraît plus peser grand'chose. A l'espèce de certitude qui émanait de la concordance des avis ou des témoignages d'un grand nombre de personnes, s'oppose l'objectivité des enregistrements contrôlés et interprétés par un petit nombre de spécialistes. Peut-être, le prix qui s'attachait au consentement général (sur lequel consentement reposent nos mœurs et nos lois civiles) n'était-il que l'effet du plaisir que la plupart éprouvent, à se trouver d'accord entre eux et semblables à leurs semblables.

Enfin presque tous les songes qu'avait faits l'humanité, et qui figurent dans nos fables de divers ordres, — le vol, la plongée, l'apparition des choses absentes, la parole fixée transportée, détachée de son époque et de sa source, — et maintes étrangetés qui n'avaient même été rêvées, — sont à présent sortis de l'impossible et de l'esprit. Le fabuleux est dans le commerce. La fabrication de machines à merveilles fait vivre des milliers d'individus. Mais l'artiste n'a pris nulle part à cette production de prodiges. Elle procède de la science et des capitaux. Le bourgeois a placé ses fonds dans les phantasmes et spécule sur la ruine du sens commun.

Louis XIV, au faîte de la puissance, n'a pas possédé la centième partie du pouvoir sur la nature et des moyens de se divertir, de cultiver son esprit, ou de lui offrir des sensations, dont disposent aujourd'hui tant d'hommes de condition assez médiocre. Je ne compte pas, il est vrai, la volupté de commander, de faire plier, d'intimider, d'éblouir, de frapper ou d'absoudre, qui est une volupté divine et théâtrale. Mais le temps, la distance, la vitesse, la liberté, les images de toute la terre...

Un homme d'aujourd'hui, jeune, sain, assez fortuné, vole où il veut, traverse vivement le monde, couchant tous les soirs dans un palais. Il peut prendre cent formes de vie ; goûter un peu d'amour, un peu de certitude, un peu partout. S'il n'est pas sans esprit (mais cet esprit pas plus profond qu'il ne faut), il cueille le meilleur de ce qui est, il se transforme à chaque instant en homme heureux. Le plus grand monarque est moins enviable.

Le corps du grand roi était bien moins heureux que le sien peut l'être ; qu'il s'agisse du chaud ou du froid, de la peau ou des muscles. Que si le roi souffrait, on le secourait bien faiblement. Il fallait qu'il se tordît et gémît sur la plume, sous les panaches, sans l'espoir de la paix subite ou de cette absence insensible que la chimie accorde au moindre des modernes affligés.

Ainsi, pour le plaisir, contre le mal, contre l'ennui, et pour l'aliment des curiosités de toute espèce, quantité d'hommes sont mieux pourvus que ne l'était, il y a deux cent cinquante ans, l'homme le plus puissant d'Europe.

Supposé que l'immense transformation que nous voyons, que nous vivons et qui nous meut, se développe encore, achève d'altérer ce qui subsiste des coutumes, articule tout autrement les besoins et les moyens de la vie, bientôt l'ère toute nouvelle enfantera des hommes qui ne tiendront plus au passé par aucune habitude de l'esprit. L'histoire leur offrira des récits étranges, presque incompréhensibles ; car rien dans leur époque n'aura eu d'exemple dans le passé, ni rien du passé ne survivra dans leur présent. Tout ce qui n'est pas purement physiologique dans l'homme aura changé, puisque nos ambitions, notre politique, nos guerres, nos mœurs, nos arts, sont à présent soumis à un régime de substitutions très rapides ; ils dépendent de plus en plus étroitement des sciences positives, et donc, de moins en moins, de ce qui fut. Le *fait nouveau* tend à prendre toute l'importance que la tradition et le fait historique possédaient jusqu'ici.

Déjà quelque natif des pays neufs qui vient visiter Versailles, peut et doit regarder ces personnages chargés de vastes chevelures mortes, vêtus de broderies, noblement arrêtés dans des attitudes de parade, du même œil dont nous considérons au Musée d'Ethnographie les mannequins couverts de manteaux de plumes ou de peau qui figurent les prêtres et les chefs de peuplades éteintes.

L'un des effets les plus sûrs et les plus cruels du progrès est donc d'ajouter à la mort une peine accessoire, qui va s'aggravant d'elle-même à mesure que s'accuse et se précipite la révolution des coutumes et des idées. Ce n'était pas assez que de périr ; il faut devenir inintelligibles, presque ridicules ; et que l'on ait été Racine ou Bossuet, prendre place auprès des bizarres figures bariolées, tatouées, exposées aux sourires et quelque peu effrayantes, qui s'alignent dans les galeries et se raccordent insensiblement aux représentants naturalisés de la série animale...

Je me suis essayé autrefois à me faire une idée positive de ce que l'on nomme progrès. Éliminant donc toute considération d'ordre moral, politique ou esthétique, le progrès me parut se réduire à l'accroissement très rapide et très sensible de la *puissance* (mécanique) utilisable par les hommes, et à celui de la *précision* qu'ils peuvent atteindre dans leurs prévisions. Un nombre de chevaux-vapeur, un nombre de décimales vérifiables, voilà des indices dont on ne peut douter qu'ils n'aient grandement augmenté depuis un siècle. Songez à ce qui se consume chaque jour dans cette quantité de moteurs de toute espèce, à la destruction de réserves qui s'opère dans le monde. Une rue de Paris travaille et tremble comme une usine. Le soir, une fête de feu, des trésors de lumière expriment aux regards à demi éblouis un pouvoir de dissipation extraordinaire, une largesse presque coupable. Le gaspillage ne serait-il pas devenu une nécessité publique et permanente ? Qui sait ce que découvrirait une analyse assez prolongée de ces excès qui se font familiers ? Peut-être quelque observateur assez lointain, considérant notre état de civilisation, songerait-il que la grande guerre ne fut qu'une conséquence très funeste, mais directe et inévitable du développement de nos moyens ? L'étendue, la durée, l'intensité, et même l'atrocité de cette guerre répondirent à l'ordre de grandeur de nos puissances. Elle fut à l'échelle de nos ressources et de nos industries du temps de paix ; aussi différente par ses proportions des guerres antérieures que nos instruments d'action, nos ressources matérielles, notre surabondance l'*exigeaient*. Mais la différence ne fut pas seulement dans les proportions. Dans le monde physique, on ne peut agrandir quelque chose qu'elle ne se transforme bientôt jusque dans sa *qualité* ; ce n'est que dans la géométrie pure qu'il existe des figures semblables. La similitude n'est presque jamais que dans l'esprit. La dernière guerre ne peut se considérer comme un simple agrandissement des conflits d'autrefois. Ces guerres du passé s'achevaient bien avant l'épuisement réel des nations engagées. Ainsi, pour une seule pièce perdue, les bons joueurs d'échecs abandonnent la partie. C'était donc par une sorte de *convention* que se terminait le drame, et l'événement qui décidait de l'inégalité des forces était plus symbolique qu'effectif. Mais nous avons vu, au contraire, il y a fort peu d'années, la guerre toute moderne se poursuivre fatalement jusqu'à l'extrême épuisement des adversaires, dont toutes les ressources jusqu'aux plus lointaines venaient l'une après l'autre se consumer sur la ligne de feu. Le mot célèbre de Joseph de Maistre qu'une bataille est perdue parce que l'on croit l'avoir perdue, a lui-même perdu de son antique vérité. La bataille désormais est *réellement* perdue, parce que les hommes, le pain, l'or, le charbon, le pétrole manquent non seulement aux armées, mais dans la profondeur du pays.

Parmi tant de progrès accomplis, il n'en est pas de plus étonnant que celui qu'a fait la lumière. Elle n'était, il y a peu d'années, qu'un événement pour les yeux. Elle pouvait être ou ne pas être. Elle s'étendait dans l'espace où elle rencontrait une matière qui la modifiait plus ou moins, mais qui lui demeurait étrangère. La voici devenue la première énigme du monde. Sa vitesse exprime et limite quelque chose d'essentiel à l'univers. On pense qu'elle pèse. L'étude de son rayonnement ruine les idées que nous avions d'un espace vide et d'un temps pur. Elle offre avec la matière des ressemblances et des différences mystérieusement groupées. Enfin cette même lumière, qui était le symbole ordinaire d'une connaissance pleine, distincte et parfaite, se trouve engagée dans une manière de scandale intellectuel. Elle est compromise avec la matière sa complice, dans le procès qu'intente le discontinu au continu, la probabilité aux images, les unités aux grands nombres, l'analyse à la synthèse, le réel caché à l'intelligence qui le traque, — et pour tout dire, l'inintelligible à l'intelligible. La science trouverait ici son point critique. Mais l'affaire s'arrangera.

L'AVANT ET L'APRÈS-GUERRE

Quelle phase étrange de l'Histoire, que cette phase que l'on peut appeler l'ère de la paix armée, et dont je voudrais pouvoir dire, et ne le puis du tout, qu'elle n'est plus qu'un souvenir !

Pendant quarante ans, l'Europe est suspendue dans l'attente d'un conflit dont on sait qu'il sera d'une violence et d'un ordre de grandeur sans exemple. Nulle nation n'est sûre de ne pas s'y trouver engagée. Tout homme dans ses papiers conserve un ordre de rejoindre : La date seule y manque. Quelque jour inconnu, les accidents de la politique y pourvoiront. Pendant quarante années, le retour du printemps se fait craindre. Les bourgeons font songer les hommes d'une saison favorable aux combats. L'explosion, parfois, paraît inconcevable : on en démontre l'impossibilité. La paix armée pèse d'ailleurs si lourdement sur les peuples, grève à ce point les budgets, impose aux individus de si sensibles gênes dans un temps de liberté morale et politique croissante ; elle contraste si évidemment avec la multiplication des échanges, l'ubiquité des intérêts, le mélange des mœurs et des plaisirs internationaux, qu'il semble à bien des esprits tout à fait improbable que cette paix contradictoire, ce faux équilibre, ne se change insensiblement dans une véritable paix, une paix sans armes, et surtout *sans arrière-pensées*. On ne peut croire que l'édifice de la civilisation européenne, si riche de rapports internes si divers, si étroits, puisse jamais être brutalement disloqué et éclater en mêlée de nations furieuses.

La politique bien des fois a reculé devant la détestable échéance, qu'elle sait cependant devoir être la conséquence la plus probable de son activité fatale et de la naïve bestialité de ses mobiles. On vit, on crée, on prospère même, sous le régime pesant de la paix armée, sous le coup toujours imminent de cette fameuse *prochaine guerre,* qui doit être le jugement dernier des puissances et le règlement définitif des querelles historiques et des antagonismes d'intérêts. Dans l'ensemble, un système de tensions, de suspicions, de précautions ; un malaise toujours accru, composé de la persistance des amertumes, de l'inflexibilité des orgueils, de la férocité des concurrences, combiné à la crainte des horreurs que l'on imagine et des conséquences que l'on ne peut imaginer, constitue un équilibre instable et durable, qui est à la merci d'un souffle, et qui se conserve pendant près d'un demi-siècle.

Il y avait, certes, en Europe, quantité de situations explosives ; mais le nœud de cette vaste composition de dangers se trouvait dans l'état des relations franco-allemandes créé par le traité de Francfort. Ce traité de paix était le modèle de ceux qui n'ôtent point tout espoir à la guerre. Il plaçait la France sous une menace latente qui ne lui laissait, au fond, que le choix entre une vassalité perpétuelle à peine déguisée et quelque lutte désespérée.

En conséquence, de 1875 à 1914, des deux côtés de la nouvelle frontière, une concurrence de forces symétriques se déclare. Le préambule de toute histoire de la grande guerre est nécessairement l'histoire de cette guerre singulière des prévisions et des craintes : guerre des armements, des doctrines, des plans d'opérations ; guerre des espionnages, des alliances, des ententes ; guerre des budgets, des voies ferrées, des industries ; guerre constante et sourde. Des dieux côtés de la frontière, cependant que les créations de la culture, les arts, les sciences, les lettres composaient la brillante apparence d'une civilisation toujours plus ornée et plus éloignée de la violence, — des hommes profondément dévoués à leur devoir sévère, qui connaissent la fragilité des supports du splendide édifice de la paix, la charge énorme des antagonismes et des antipathies, — des hommes qui doivent, au jour critique, se trouver brusquement investis de pouvoirs et de responsabilités immenses, se préparent à ce jour solennel qui peut-être ne luira jamais. Ils travaillent parallèlement et jalousement. Les états-majors calculent, croisent leurs desseins opposés qu'ils devinent et pénètrent. Ils forment toutes les hypothèses ; répondent à toute amélioration du système rival, chacun cherchant à organiser à son profit l'inégalité décisive. Des deux côtés de la frontière, encore imperceptibles et bien éloignés de l'éclat et de l'importance capitale que les événements leur donneront, les Klück, les Falkenhayn, les Hindenburg, les Ludendorff, là-bas ; ici, les Joffre, les Castelnau, les Fayolle, les Foch, les Pétain, chacun selon sa nature, sa race, son arme ou son emploi, vivent dans l'avenir et se tiennent aux ordres du destin.

Jamais, dans aucun temps, rien de comparable à cette longue guerre, absente et présente, ardente et imaginaire, sorte de corps à corps technique et intellectuel, avec ses surprises et ses ripostes virtuelles, ses créations d'engins et de moyens, dont la nouveauté trouble parfois les théories en vogue, modifie un instant l'équilibre des forces, déconcerte les routines.

Toute une littérature spéciale, et toute une littérature de fantaisie, parfois plus heureuse que l'autre dans ses prévisions, donnent à imaginer ce que sera l'événement du cataclysme dont l'Europe est grosse. Quelle étrangeté, quel trait nouveau que cette extrême conscience, cette longue et lucide veille ! ...

La « guerre de demain » ne sera point une de ces catastrophes auxquelles on n'a jamais pensé.

Mais des deux côtés de la frontière les conditions de ce travail préparatoire sont bien différentes. Tout le favorise en Allemagne : la forme du gouvernement, d'essence militaire, et dont la victoire a fondé le prestige ; une population surabondante et naturellement disciplinée ; une sorte de mysticisme ethnique ; et chez de nombreux esprits, une foi dans le recours à la force, qu'ils estiment le seul fondement scientifique du droit.

Chez nous, rien de pareil. Un tempérament national à la fois critique et modéré ; une population moins que stationnaire dans un pays de vie facile et douce ; une nation politiquement des plus divisées ; un régime, dont la sensibilité aux moindres mouvements de l'opinion faisait le vice et la vertu. Ces conditions rendaient assez laborieuse toute préparation méthodique et continue à une guerre que nul ne voulait, ni ne pouvait vouloir ; et que chacun, quand il y pensait, ne concevait que comme un acte de défense, une réponse à quelque agression. On peut affirmer que l'idée de déclarer la guerre à quelqu'une des nations voisines ne s'est jamais présentée à un esprit français depuis 1870...

Cependant notre armée, souvent critiquée, exposée tantôt à des suspicions, tantôt à des tentations politiques, profondément troublée en quelques circonstances, sut, en dépit de toutes ces difficultés, accomplir un travail immense. Elle a pu se tromper quelquefois ; mais gardons-nous d'oublier qu'après tout ses erreurs comme sa valeur ne sont que les nôtres. Elle est indivisible de la nation qu'elle reflète exactement. Le pays peut se mirer dans son bouclier.

. . . .

Le sang de l'archiduc a coulé. Les derniers moments de la paix sont venus.

Mais les peuples insouciants jouissent d'une splendide saison. Jamais le ciel plus beau, la vie plus désirable et le bonheur plus mûr. Une douzaine de personnages puissants échangent, sans doute, des télégrammes ou des visites. C'est leur métier. Le reste songe à la mer, à la chasse, aux campagnes.

Tout à coup, entre le soleil et la vie, passe je ne sais quelle nue d'une froideur mortelle. L'angoisse générale naît. Toute chose change de couleur et de valeur. Il y a de l'impossible et de l'incroyable dans l'air. Nul ne peut fixement et solitairement considérer ce qui existe, et l'avenir immédiat s'est altéré comme par magie. Le règne de la mort violente est partout décrété. Les vivants se précipitent, se séparent, se reclassent ; l'Europe, en quelques heures désorganisée, aussitôt réorganisée ; transfigurée, équipée, ordonnée à la guerre, entre tout armée dans l'imprévu.

Là-bas, la guerre est accueillie dans l'ensemble comme une opération grandiose, nécessaire pour briser un système inquiétant de nations hostiles, et pour permettre à la prospérité prodigieuse de l'empire de nouveaux développements. Il règne une confiance immense. Il semble impossible qu'une telle préparation, un tel matériel, une telle volonté de victoire n'emportent point toute résistance. La guerre sera brève. On dictera la paix à Paris dans six semaines. Le ciel lavé par l'orage inévitable ; l'Europe émerveillée, domptée, disciplinée ; l'Angleterre réduite ; l'Amérique contenue dans son progrès ; la Russie et l'Extrême-Orient dominés... Quelles perspectives, et que de chances pour soi ! Observons qu'il n'y avait rien dans tout ceci qui fût tout à fait impossible, et que ces vues d'apparence déraisonnable se pouvaient fort bien raisonner.

Chez nous... Mais est-il besoin que l'on nous rappelle la suprême simplicité de nos sentiments ? Il ne s'agit pour nous que d'être ou de ne plus être. Nous savons trop le sort qui nous attend. On nous a assez dit que nous étions un peuple en décadence, qui ne fait plus d'enfants, qui n'a plus de foi en soi-même ; qui se décompose assez voluptueusement sur le territoire admirable dont il jouit depuis trop de siècles.

Mais cette nation énervée est aussi une nation mystérieuse. Elle est logique dans le discours ; mais parfois surprenante dans l'acte.

La guerre ? dit la France. — *Soit !*

Et c'est alors le moment le plus poignant, le plus significatif, — disons, — le plus adorable de son histoire. Jamais la France frappée à la même heure du même coup de foudre, apparue, convertie à elle-même, n'avait connu, ni pu connaître une telle illumination de sa profonde unité. Notre nation, la plus diverse, et d'ailleurs, l'une des plus divisées qui soit, se figure à chaque Français toute une dans l'instant même. Nos dissensions s'évanouissent, et nous nous réveillons des images monstrueuses qui nous représentent les uns aux autres. Partis, classes, croyances, toutes les idées fort dissemblables que l'on se forme du passé ou de l'avenir se composent. Tout se résout en France pure. Il naît pour quelque temps une sorte d'amitié inattendue, de familiarité générale et sacrée, d'une douceur étrange et toute nouvelle, comme doit l'être celle d'une initiation. Beaucoup s'étonnaient dans leur cœur d'aimer à ce point leur pays ; et, comme il arrive qu'une douleur surprenante nous éveille une connaissance profonde de notre corps et nous éclaire une réalité qui était naturellement insensible, ainsi la fulgurante sensation de l'existence de la guerre fit apparaître et reconnaître à tous la présence réelle de cette patrie, chose indicible, entité impossible à définir à froid, que ni la race, ni la langue, ni la terre, ni les intérêts, ni l'histoire même ne déterminent ; que l'analyse peut nier ; mais qui ressemble par là même, comme par sa toute-puissance démontrée, à l'amour passionné, à la foi, à quelqu'une de ces possessions mystérieuses qui mènent l'homme où il ne savait point qu'il pouvait aller, — au delà de soi-même. Le sentiment de la patrie est peut-être de la nature d'une douleur, d'une sensation rare et singulière, dont nous avons vu, en 1914, les plus froids, les plus philosophes, les plus libres d'esprit être saisis et bouleversés.

Mais encore, ce sentiment national s'accommode aisément chez nous d'un sentiment de l'humanité. Tout Français se sent homme ; c'est peut-être par là qu'il se distingue le plus des autres hommes. Beaucoup rêvaient que l'on allait en finir une bonne fois avec la coutume sanglante et primitive, avec l'atrocité des solutions par les armes. On marchait à la dernière des guerres.

. . . .

Hélas ! il faut bien confesser que tous les buts de guerre n'ont pas été atteints.

L'espoir essentiel de voir s'évanouir l'état de contrainte anxieuse qui pesait sur l'Europe depuis tant d'années n'a pas été rempli. Mais peut-être ne faut-il pas demander à la guerre — ni même à la politique — de pouvoir jamais instaurer une véritable paix !

Le ciel, treize ans après, est fort loin d'être pur.

. . . .

Les uns nous trouvent trop d'or ; les autres, trop de canons ; les autres, trop de territoires ; et nous voici provocateurs de l'univers, non, certes, par la parole, moins encore par l'intention ; mais pour être ce que nous sommes, et pour avoir ce que nous avons.

Mais comment, sans avoir perdu l'esprit, peut-on songer encore à la guerre, entretenir quelque illusion sur ses effets, et penser à lui demander ce que la paix ne peut obtenir ?

Ne parlons que raison. Une guerre jadis pouvait, après tout, se justifier par ses résultats. Elle pouvait se considérer, quoique d'un œil atroce, comme le passage, par la voie des armes, d'une situation définie à une situation définie. Elle pouvait faire l'objet d'un calcul. Elle était entre deux partis une affaire qui se réglait entre deux armées. Le débat était limité ; les pièces du jeu, dénombrables ; et le vainqueur enfin prenait son gain, s'agrandissait, s'enrichissait, jouissait longtemps de son avantage.

Mais l'univers politique a bien changé ; et la froide raison qui, dans le passé, pouvait spéculer sur les bénéfices d'une sanglante entreprise, doit admettre aujourd'hui qu'elle ne peut que s'égarer dans ses prévisions. C'est qu'il ne peut plus être de conflits localisés, de duels circonscrits, de systèmes belligérants fermés. Celui qui entre en guerre ne peut plus prévoir contre qui, avec qui, il l'achèvera. Il s'engage dans une aventure incalculable, contre des forces indéterminées, pour un temps indéfini. Que si même l'issue lui est favorable, à peine la victoire saisie, il devra en disputer les fruits avec le reste du monde, et subir peut-être la loi de ceux qui n'auront pas combattu. Ce dont il est assuré, ce sont des pertes immenses en vies humaines et en biens, qu'il devra éprouver sans compensation, car dans une époque dont les puissants moyens de production se changent en quelques jours en puissants moyens de destruction, dans un siècle où chaque découverte, chaque invention vient menacer le genre humain aussi bien que le servir, les dommages seront tels que tout ce qu'on pourra exiger du vaincu épuisé ne rendra qu'une infime fraction des énormes ressources consumées. Voilà des certitudes. Il s'y ajoute une forte et redoutable probabilité qui est celle de désordres et de bouleversements intérieurs incalculables.

Je crois que je n'ai rien dit que nous ne venions de voir : deux groupes de nations essayer de se dévorer l'un l'autre jusqu'à l'extrême épuisement des principaux adversaires ; toutes les prévisions économiques et militaires en défaut ; des peuples qui se croyaient par leur situation et leurs intentions fort éloignés de prendre part à la lutte, contraints de s'y engager ; des dynasties antiques et puissantes détrônées ; le primat de l'Europe dans le monde compromis, son prestige dissipé ; la valeur de l'esprit et des choses de l'esprit profondément atteinte ; la vie bien plus dure et plus désordonnée ; l'inquiétude et l'amertume un peu partout ; des régimes violents ou exceptionnels s'imposer en divers pays.

Que personne ne croie qu'une nouvelle guerre puisse mieux faire et radoucir le sort du genre humain.

Il semble cependant que l'expérience n'est pas suffisante. Quelques-uns placent leurs espoirs dans une reprise du carnage. On trouve qu'il n'y eut pas assez de détresse, de déceptions, pas assez de ruines ni de larmes ; pas assez de mutilés, d'aveugles, de veuves et d'orphelins. Il paraît que les difficultés de la paix font pâlir l'atrocité de la guerre, dont on voit cependant interdire çà et là les effrayantes images.

Mais est-il une seule nation, de celles qui ont désespérément combattu, qui ne consentirait que la grande mêlée n'eût été qu'un horrible rêve, qui ne voudrait se réveiller frémissante, mais intacte ; hagarde, mais assagie ? Est-il une seule nation, de celles que peut tenter encore la sanglante aventure, qui ose fermement considérer son vœu, peser le risque inconnu, entrevoir, non même la défaite toujours possible, mais toutes les conséquences réelles d'une victoire, — si l'on peut parler de victoire réelle dans une époque où la guerre, s'élevant à la puissance des cataclysmes naturels, saura poursuivre la destruction indistincte de toute vie, des deux côtés d'une frontière, sur l'entière étendue de territoires surpeuplés.

Quelle étrange époque ! ... ou plutôt, quels étranges esprits que les esprits responsables de ces pensées ! . .. En pleine conscience, en pleine lucidité, en présence de terrifiants souvenirs, auprès de tombes innombrables, au sortir de l'épreuve même, à côté des laboratoires où les énigmes de la tuberculose et du cancer sont passionnément attaquées, des hommes peuvent encore songer à essayer de jouer au jeu de la mort…

Balzac, il y a juste cent ans, écrivait : » Sans se donner le temps d'essuyer ses pieds qui trempent dans le sang jusqu'à la cheville, l'Europe n'a-t-elle pas sans cesse recommencé la guerre ?

Ne dirait-on pas que l'humanité, toute lucide et raisonnante qu'elle est, incapable de sacrifier ses impulsions à la connaissance et ses haines à ses douleurs, se comporte comme un essaim d'absurdes et misérables insectes invinciblement attirés par la flamme ?

Table des matières

Paul Valéry	4
La Crise de l'Esprit	5
PREMIÈRE LETTRE	6
DEUXIÈME LETTRE	13
Le Bilan de l'Intelligence	20
Conférence donnée à l'Université des Annales, le 16 janvier 1935.	21
Regards sur le monde actuel	48
AVANT-PROPOS	49
NOTES SUR LA GRANDEUR ET LA DÉCADENCE DE L'EUROPE	65
RÉFLEXIONS MÊLÉES	75
POLITIQUE	83
INTRODUCTION AUX IMAGES DE LA FRANCE	89
FONCTION DE PARIS	106
ORIENT ET OCCIDENT	110
PROPOS SUR LE PROGRÈS	118
L'AVANT ET L'APRÈS-GUERRE	125